DEREK PRINCE

Die Waffe

DES BETENS UND FASTENS

Wie Christen Weltereignisse verändernd beeinflussen können

Aus dem Englischen übersetzt
von Monika Seifert (Germanistin)

Jugend mit einer Mission e.V.
Junge Gemeinde • Präsenz

Originaltitel: Shaping History Through Prayer and Fasting
Erschienen bei Fleming H. Revell Company, Old Tappan, New Jersey, USA, in association with Derek Prince Publications

Aus dem Englischen übersetzt von Monika Seifert

1. Auflage 1980
2. Auflage 1981

Satz und Druck: Jugend mit einer Mission
ISBN 3-88076-013-6 (Jugend mit einer Mission e.V., Hurlach
Umschlaggraphik: Bryan Pollard
ISBN 3-7797-0277-0 (Junge Gemeinde, Stuttgart)
ISBN 3-87630-431-8 (Präsenz, Gnadenthal)
Titelgrafik: Prof. Dr. H. Steidle, Essen

Inhalt

Vorwort

Darüber kann kein Zweifel bestehen: Gott spricht per du mit uns. Er übersieht den einzelnen nicht. Er ist ihm wichtig. Darum wendet sich Gott ihm zu. Er spricht ihn an. Er bietet ihm seine Weggenossenschaft an. Es stimmt also: »Was nicht per du geht, geht perdu« (Joh. Albr. Bengel).

Auch darüber sollte es keinen Zweifel geben: Gott verliert über dem einzelnen nicht den Blick für das Ganze. Gottes Feld ist die Welt. Sie ist sein Gegenüber. Er hat sie »so sehr geliebt, daß er seinen einzigen Sohn dahingab«. Mit ihm und durch ihn will er in der Welt zum Zug kommen. Hier will er sein Recht erhalten. Damit der Mensch gerettet wird. Damit die Menschheit sich nicht selber zerstört. Damit die Welt Teil bekommt an seiner, an Gottes eigener Zukunft.

Daran ist wohl gedacht, wenn seit dem Ende des Zweiten Weltkriegs unter uns häufig die Rede ist von der »Weltverantwortung« des Christen und der Kirche. Vielleicht geht dieses Wort manchem gar zu hurtig über die Lippen. Vielleicht ist es auch gar nicht immer ganz klar, was damit eigentlich gemeint ist. Hier kann und will das vorliegende Buch zu vermehrter Klarheit beitragen.

Gewiß, manches von dem hier Ausgeführten ist - im positiven Sinn - frag-würdig. Der Verfasser, ein geborener Engländer und heutiger Wahlamerikaner, sieht verständlicherweise manches ein wenig anders als wir Deutsche. Wir Christen in Deutschland mußten - vielleicht mehr als Christen in anderen Ländern - unter Schmerzen lernen, daß Gott frei ist und frei bleibt - auch gegenüber den

Frommen. Man kann und soll mit Gottes Wirken in der Geschichte rechnen, aber verrechnen läßt er sich nicht - durch niemand und durch nichts.

Auf alle Fälle aber macht der Verfasser auf seine Weise deutlich, was Martin Luther so zum Ausdruck gebracht hat:

»Es geschehe, was da wolle, so richten wir alles durch's Gebet aus, welches allein die allmächtige Kaiserin ist; durch's Gebet leiten wir, was geordnet ist, bringen zusammen, das geirret ist, tragen, was nicht gebessert werden kann, überwinden alles Unglück und erhalten alles Gute.«

Wer das dem Gebet zutraut, wird auch jene andere Aussage des Reformators wahr sein lassen: »Niemand lasse den Glauben fahren, daß Gott durch ihn eine große Tat tun will.«

Uns, die wir oft in der Gefahr sind, stecken zu bleiben in Resignation und Zukunftsangst, tun solche Ermutigungen not und wohl.

D. Helmut Claß

KAPITEL 1

Das Salz der Erde

»Ihr seid das Salz der Erde. Wenn nun das Salz kraftlos wird, womit soll man's salzen? Es ist zu nichts hinfort nütze, denn daß man es hinausschütte und lasse es die Leute zertreten« (Matthäus 5, 13).

Jesus spricht in diesem Text zu seinen Jüngern - d.h. zu allen von uns, die die Vollmacht seiner Lehre anerkennen. Er vergleicht unsere Funktion auf Erden mit der des Salzes. Die Bedeutung seiner Aussage wird klar, wenn wir zwei wohlbekannte Verwendungsweisen des Salzes in bezug auf Nahrung betrachten:

Salz macht die Nahrung schmackhaft

Vor allem macht Salz die Nahrung schmackhaft. Nahrung, die an sich nicht appetitanregend ist, wird schmackhaft und bekömmlich, wenn sie mit Salz gewürzt wird. In Hiob 6,6 ist dies in Form einer rhetorischen Frage ausgedrückt: »Ißt man denn Fades, ohne es zu salzen?« Das Salz ist also entscheidend.

Wir haben als Christen die Funktion, die Erde »schmackhaft« zu machen. Gott ist es, der sich an diesem Geschmack erfreut. Unsere Gegenwart macht die Erde für Gott angenehm, weil sie dadurch Gottes Barmherzigkeit unterworfen wird. Ohne uns gäbe es nichts, was die Erde für Gott annehmbar machen würde. Aber weil wir da sind, begegnet Gott der Erde weiterhin mit Gnade und Barmherzigkeit und nicht mit Zorn und Gericht. Unsere Gegenwart ist entscheidend.

Dieses Prinzip wird durch Abrahams Fürbitte für Sodom in 1. Mose 18, 6-33 auf lebendige Weise veranschaulicht. Der Herr sagte Abraham, daß er auf dem Weg nach Sodom sei, um zu sehen,ob die Gottlosigkeit dieser Stadt den Punkt erreicht hat, daß das Strafgericht nicht länger von ihr abgehalten werden kann. Da begleitet Abraham den Herrn auf dem Weg nach Sodom, und sie erörtern die Prinzipien des Gerichtes Gottes.

Zunächst stellt Abraham ein Prinzip auf, das die Grundlage für alle folgenden Argumente darstellt: *Es ist wohl nicht der Wille Gottes, daß das Gericht wegen der Gottlosen auch über die Gerechten kommt.* »Willst du denn den Gerechten mit dem Gottlosen umbringen?« (Vers 23), fragt Abraham. »Das sei ferne von dir, daß du das tust und tötest den Gerechten mit dem Gottlosen, so daß der Gerechte wäre gleich wie der Gottlose! Das sei ferne von dir! Sollte der Richter aller Welt nicht gerecht richten?« (Vers 25).

Im darauffolgenden Gespräch läßt der Herr erkennen, daß er das von Abraham angeführte Prinzip akzeptiert. Es ist wichtig, daß alle Gläubigen dies verstehen. Wenn wir durch den Glauben an Christus gerechtfertigt sind und wenn wir unseren Glauben durch unser Leben wirklich zum Ausdruck bringen, dann ist es niemals der Wille Gottes, daß wir in das Strafgericht miteinbezogen werden, welches er auf die Gottlosen kommen läßt.

Leider wird das von vielen Christen nicht verstanden, weil sie zwischen zwei Situationen nicht unterscheiden, die äußerlich ähnlich erscheinen mögen, in Wirklichkeit aber in ihrer Ursache völlig verschieden sind. Es gibt einerseits Verfolgung um der Gerechtigkeit willen, andererseits Gottes Strafgericht über die Gottlosen. Der Unterschied zwischen diesen beiden Situationen wird durch folgende Aussage hervorgehoben: Verfolgung kommt von den Gottlosen über die Gerechten, aber das Gericht kommt von Gott, der gerecht ist, über die Gottlosen. In dieser Weise unterscheiden sich Verfolgung um der Gerechtigkeit willen und Strafgericht um der Gottlosigkeit willen in ihrer Ursache, ihrem Zweck und in ihren Folgen.

Die Bibel bringt deutlich zum Ausdruck, daß Christen erwarten müssen, Verfolgung zu erleiden. In der Bergpredigt sagt Jesus zu seinen Jüngern: »Selig sind, die um der Gerechtigkeit willen verfolgt werden, denn ihnen gehört das Himmelreich. Selig seid ihr, wenn euch die Menschen um meinetwillen schmähen und verfolgen und alles Schlechte über euch reden und damit lügen« (Matthäus 5, 10.11). Ähnlich schreibt Paulus an Timotheus: »Alle, die ihr Leben im Glauben an Christus Jesus führen wollen, müssen Verfolgung leiden« (2. Timotheus 3, 12). Christen müssen daher darauf gefaßt sein, daß sie für ihren Glauben und ihre Lebensweise Verfolgung erleiden müssen und sollten dies sogar als Vorrecht betrachten.

Gleichzeitig sollen Christen jedoch niemals in Gottes Strafgericht über die Gottlosen miteinbezogen werden. Dieses Prinzip wird in der Bibel mehrmals erwähnt. In 1. Korinther 11,32 schreibt Paulus an die Gläubigen und sagt: »Wenn wir [Christen] aber vom Herrn gerichtet werden, so werden wir gezüchtigt, damit wir nicht samt der Welt verdammt werden.« Dies ist ein Hinweis auf die Tatsache, daß Gott an den Gläubigen anders handelt als an der Welt. Als Gläubige können wir erwarten, daß Gott uns züchtigt. Wenn wir seine Züchtigung annehmen und unser Leben dementsprechend ändern, unterstehen wir nicht dem Gericht, das über die Ungläubigen oder über die Welt im allgemeinen kommt.

Der eigentliche Zweck, warum Gott die Gläubigen züchtigt, ist der, sie vor dem Gericht über die Ungläubigen zu bewahren.

In Psalm 91,7.8 gibt der Psalmist folgende Verheißung für die Gläubigen: »Wenn auch tausend fallen zu deiner Seite und zehntausend zu deiner Rechten, so wird es doch dich nicht treffen. Ja, du wirst es mit eigenen Augen sehen und schauen, wie den Gottlosen vergolten wird.« Auch hier ist das gleiche Prinzip zu erkennen. Jegliches Gericht, durch welches »den Gottlosen vergolten wird« (wie sie es gerechterweise verdienen), soll niemals auf die Gerechten kommen. Wenn Gott auch die Gottlosen völlig vernichtet, so werden dennoch die Gerechten in ihrer Mitte nicht zu Schaden kommen.

In 2. Mose, Kapitel 7 bis 12, wird berichtet, daß Gott über die Ägypter zehn Plagen kommen ließ, die zunehmend schrecklicher wurden, weil sie sich weigerten, auf seine Propheten Mose und Aaron zu hören. Während dieser ganzen Zeit wohnte Gottes Volk, die Israeliten, mitten unter den Ägyptern, aber sie wurden von keiner der zehn Plagen berührt. In 2. Mose 11,7 wird der Grund dafür angeführt: »... aber gegen ganz Israel soll nicht ein Hund mucken, weder gegen Mensch noch Vieh, auf daß ihr erkennt, daß der Herr einen Unterschied macht zwischen Ägypten und Israel«. Es kam kein Strafgericht über Israel, weil der Herr »einen Unterschied macht« zwischen seinem eigenen Volk und dem Volk der Ägypter. Selbst die Hunde in Ägypten mußten diesen Unterschied akzeptieren. Und dieser Unterschied gilt bis auf den heutigen Tag.

Im Verlaufe des Gesprächs über Sodom zwischen Abraham und dem Herrn versucht Abraham die kleinste Anzahl von Gerechten zu ermitteln, die erforderlich ist, um die ganze Stadt vor dem Gericht zu bewahren. Er beginnt mit fünfzig. Dann - mit einer bemerkenswerten Kombination von Respekt und Ausdauer - verhandelt er mit dem Herrn, bis er bei zehn angelangt ist. Der Herr versichert Abraham schließlich, daß er die ganze Stadt verschonen würde, fände er nur zehn Gerechte darin.

Wie groß war die Bevölkerung der Stadt Sodom? Es ist wohl kaum möglich, die genaue Zahl zu bestimmen. Jedoch sind für bestimmte Städte des alten Palästinas Zahlen vorhanden, die eine Vergleichsbasis abgeben können. Zur Zeit Abrahams umschloß die Stadtmauer von Jericho eine Fläche von ungefähr 7 oder 8 Morgen Land. Dies würde eine Wohnfläche für mindestens fünftausend, höchstens aber zehntausend Menschen ergeben.

Jericho war jedoch nach damaligen Begriffen keine große Stadt. Damals war Hazor die größte Stadt, die eine Fläche von ungefähr 175 Morgen und eine Bevölkerungszahl von etwa vierzig- bis fünfzigtausend Menschen hatte. Später, zur Zeit Josuas, wurde die gesamte Bevölkerungszahl der Stadt Ai mit zwölftausend angegeben (Josua 8,25). Die biblischen Berichte scheinen darauf hinzudeuten, daß Sodom zur damaligen Zeit eine bedeutendere Stadt war als Ai.

Wenn man diese anderen Städte in Betracht zieht, könnte man sagen, daß die Bevölkerungszahl Sodoms zu Abrahams Zeit wahrscheinlich nicht unter zehntausend lag. Gott versicherte Abraham, daß zehn Gerechte durch ihre Anwesenheit eine Stadt von mindestens zehntausend Einwohnern retten könnten. Dies ergibt ein Verhältnis von eins zu tausend. Das gleiche Zahlenverhältnis von »einer aus tausend« ist in Hiob 33,23 und in Prediger 7,28 zu finden, und beide Bibelstellen lassen erkennen, daß der »eine« ein Mensch von besonderer Gerechtigkeit ist, während alle anderen Gottes Anforderungen nicht genügen.

Es ist nicht schwer, dieses Zahlenverhältnis ins Endlose fortzusetzen. Die Gegenwart von zehn gerechten Menschen kann eine Gemeinschaft von zehntausend vor Schaden bewahren. Die Gegenwart von einhundert Gerechten kann eine Gemeinschaft von einhunderttausend retten. Die Gegenwart von eintausend Gerechten kann eine Million Menschen retten. Wie viele Gerechte sind erforderlich, um eine Nation so groß wie die Vereinigten Staaten mit einer Bevölkerungszahl von schätzungsweise zweihundertundzehn Millionen zu retten? Ungefähr zweihundertundzehntausend Menschen.

Diese Zahlenangaben führen zu neuen Fragen. Gibt uns die Bibel eine Grundlage zu glauben, daß z.B. eine Viertel Million wahrhaft gerechter Menschen, die wie Salzkörner über die Vereinigten Staaten verstreut sind, genügen, um die ganze Nation vor Gottes Gericht zu bewahren und das Fortbestehen seiner Gnade und Barmherzigkeit sicherzustellen? Es wäre töricht zu behaupten, daß geschätzte Zahlen genaue Anhaltspunkte geben. Dennoch stellt die Bibel eindeutig das allgemeine Prinzip auf, daß die Gegenwart gerechter Gläubiger der ausschlaggebende Faktor für Gottes Handeln an einer Menschen-Gemeinschaft ist.

Jesus verwendet »Salz« als einen bildlichen Ausdruck zur Veranschaulichung dieses Prinzips. Paulus gebraucht in 2. Korinther 5,20 ein anderes Bild, um die gleiche grundlegende Wahrheit auszudrücken. Er sagt: »So sind wir nun Botschafter an Christi Statt...« Was sind Botschafter? Es sind Menschen, die von der Regierung ihres Landes offiziell die Vollmacht erhalten, diese Regierung in einem anderen Land zu vertreten. Ihre Vollmacht ist nicht an ihre eigene persönliche Fähigkeit gebunden, sondern steht in einem direkten Verhältnis zur Vollmacht der Regierung, die sie vertreten.

In Philipper 3,20 nennt Paulus die Regierung, die wir als Christen vertreten. Er schreibt: »Unsere Heimat [wörtlich: unsere Staatsangehörigkeit] aber ist im Himmel.« In einer anderen Bibelübersetzung (Die Gute Nachricht) heißt es: »Wir dagegen sind Bürger des Himmels.« Unsere Stellung auf Erden ist also die von Botschaftern, die die Regierung des Himmels vertreten. Wir können nicht aus eigener Vollmacht handeln, aber solange wir die Anweisungen unserer Regierung sorgfältig beachten, steht die volle Macht und Autorität des Himmels hinter jedem Wort, das wir sprechen und hinter jedem Schritt, den wir tun.

Bevor die Regierung eines Landes einem anderen Land den Krieg erklärt, werden als letzte Warnung gewöhnlich die Botschafter aus dem betreffenden Land zurückgezogen. Solange wir als Gottes Botschafter hier auf Erden sind, garantiert unsere Gegenwart das Fortbestehen der Langmut und Barmherzigkeit Gottes gegenüber der Welt. Wenn aber die Botschafter des Himmels schließlich zurückgezogen werden, kann nichts mehr verhindern, daß Gottes Zorn und Strafgericht über die Erde kommen.

Das bringt uns zur zweiten Funktion der Christen als »Salz der Erde«:

Salz verhindert das Verderben von Nahrungsmitteln

Eine weitere Funktion des Salzes ist, daß es den Fäulnisprozeß von Nahrungsmitteln einschränkt. In Zeiten, als es noch keine Kühlschränke gab, verwendeten die Seeleute Salz als Konservierungsmittel, wenn sie auf langen Reisen Fleisch als Proviant mitnahmen. Der Fäulnisprozeß hatte schon eingesetzt, bevor das Fleisch gesalzen wurde. Das Salz konnte das Verderben des Fleisches nicht völlig verhindern, aber der Prozeß wurde für die Dauer der Reise verlangsamt, so daß die Seeleute das Fleisch noch essen konnten, lange nachdem es andernfalls schon ungenießbar gewesen wäre.

Unsere Gegenwart als Christi Jünger auf Erden hat die gleiche Funktion wie das Salz im Fleisch. Der Korruptionsprozeß durch die Sünde ist bereits im Gang. Dies macht sich in jedem Bereich des menschlichen Lebens bemerkbar - im moralischen, religiösen, gesellschaftlichen und politischen Bereich. Wir können den Verfall, der bereits eingesetzt hat, nicht verhindern, aber wir können ihn lange genug in Schranken halten, damit Gottes Plan der Gnade und Barmherzigkeit sich erfüllen kann. Dann, wenn unser Einfluß nicht mehr zu spüren ist, wird der Verfall seinen Höhepunkt erreichen, und das Ergebnis wird völliges Verderben sein.

Durch dieses Bild von der Kraft des Salzes, das Verderben zurückzuhalten, wird die Lehre des Paulus in 2. Thessalonicher 2, 3-12 klar verständlich. Paulus warnt, daß die menschliche Bosheit in der Person eines Weltherrschers ihren Höhepunkt erreichen wird, der durch den Teufel selbst übernatürliche Macht und Kraft erhalten wird. Paulus bezeichnet diesen Herrscher als »Mensch der

Gesetzlosigkeit« und »Sohn des Verderbens« (Vers 3). In 1. Johannes 2,18 wird er »Antichrist« und in Offenbarung 13,4 »Tier« genannt. Dieser Herrscher wird sogar behaupten, er sei Gott und wird verlangen, daß ihn die ganze Welt anbetet.

Das Auftreten dieses teuflischen Herrschers ist unvermeidbar. Paulus verkündet mit Nachdruck: »...und dann wird der Gesetzlose offenbart werden« (2. Thessalonicher 2,8). Im selben Vers spricht Paulus davon, daß der wahre Christus das Endgericht über diesen falschen Christus halten wird - »ihn wird der Herr Jesus mit dem Hauch seines Mundes umbringen und wird ihm ein Ende machen durch seine Erscheinung, wenn er kommt«.

Diese Lehre vom Antichrist ist leider von manchen Predigern dazu benützt worden, um unter den Christen eine passive und fatalistische Einstellung zu verbreiten. »Der Antichrist kommt«, haben sie gesagt. »Alles wird immer schlimmer. Wir können nichts dagegen tun.« Als Folge davon haben sich Christen oft mit gefalteten Händen zurückgelehnt, zeigten frommes Entsetzen und sahen dem verheerenden Wirken Satans um sie herum tatenlos zu.

Diese Art passiver und schicksalsgläubiger Haltung ist ebenso tragisch wie unbiblisch. Es ist wahr, daß der Antichrist schließlich offenbar werden wird. Aber es ist keinesfalls wahr, daß in der Zwischenzeit nichts gegen ihn unternommen werden kann. Bis zum heutigen Tag ist in der Welt eine Kraft am Werk, die den Geist des Antichrists herausfordert, ihm widersteht und ihn zurückhält. Paulus beschreibt das Wirken dieser Kraft in 2. Thessalonicher 2, 6.7. Diese Verse könnten folgendermaßen ins heutige Deutsch übersetzt werden: »Ihr wißt, was dem jetzt noch im Weg steht. Der Feind Gottes kann erst auftreten, wenn die Zeit für ihn reif ist. Die Macht der Auflehnung ist zwar schon am Werk; doch erst muß der aus dem Weg sein, der sie bisher noch aufhält« (Die Gute Nachricht).

Diese einschränkende Kraft, die gegenwärtig die völlige und endgültige Erscheinung des Antichrists zurückhält, ist die persönliche Gegenwart des Heiligen Geistes in der Gemeinde. Dies wird deutlich, wenn wir die Offenbarung der Heiligen Schrift in bezug auf die Person und das Wirken des Heiligen Geistes schrittweise verfolgen. Gleich am Anfang der Bibel heißt es: »... der Geist Gottes schwebte auf dem Wasser« (1. Mose 1,2). Von da an finden wir im Alten Testament immer wieder Hinweise auf das Wirken des Heiligen Geistes auf Erden. Am Ende seines irdischen Dienstes versprach Jesus seinen Jüngern, daß der Heilige Geist bald in einer neuen Weise zu ihnen kommen werde, in der er bis dahin noch nie auf Erden erschienen war.

In Johannes 14,16.17 gibt Jesus folgende Verheißung: »... und ich will den Vater bitten, und er wird euch einen andern Beistand geben, der für immer bei euch bleiben wird: den Geist der Wahrheit [ein Titel des Heiligen Geistes] ... denn er bleibt bei euch und wird in euch sein.« Wir könnten diese Verheißung Jesu folgendermaßen umschreiben: »Ich bin dreieinhalb Jahre persönlich bei euch gewesen und werde euch nun bald verlassen. Wenn ich von euch gegangen bin, wird eine andere Person meinen Platz einnehmen. Diese Person ist der Heilige Geist. Wenn er kommt, wird er für immer bei euch bleiben.«

In Johannes 16,6.7 wiederholt Jesus seine Verheißung: »Sondern Trauer hat euer Herz erfüllt, weil ich euch das gesagt habe. Aber ich sage euch die Wahrheit: Es ist gut für euch, daß ich weggehe. Denn wenn ich nicht weggehe, kommt der Beistand nicht zu euch. Wenn ich aber hingehe, will ich ihn zu euch senden.« Daraus geht klar hervor, daß ein Personenaustausch stattfinden soll. Jesus wird weggehen. Aber an seine Stelle wird eine andere Person treten. Diese andere Person ist der Tröster oder Beistand, der Heilige Geist.

In Johannes 16,12.13 kommt Jesus zum dritten Mal auf dieses Thema zurück: »Ich habe euch noch viel zu sagen; aber ihr könnt es jetzt nicht ertragen. Wenn aber jener, der Geist der Wahrheit, kommen wird, wird er euch in alle Wahrheit führen...« Im griechischen Urtext ist »er« an dieser Stelle ein männliches Fürwort, aber das Hauptwort »Geist« ist sächlich. Dieser grammatikalische Konflikt des Geschlechts bringt das doppelte Wesen des Heiligen Geistes zum Ausdruck: er ist sowohl persönlich als auch unpersönlich. Dies stimmt auch mit der Ausdrucksweise überein, die Paulus in 2. Thessalonicher, Kapitel 2, im Hinblick auf die Macht benutzt, die das Auftreten des Antichrists zurückhält. In Vers 6 schreibt Paulus: »... was ihn noch zurückhält ...«, und in Vers 7 heißt es: »... der, der es jetzt noch zurückhält ...« Diese Ähnlichkeit in der Ausdrucksweise bestätigt die Identität dieser einschränkenden Macht mit dem Heiligen Geist.

Der Personenaustausch, den Jesus verheißen hatte, vollzog sich in zwei Etappen: zuerst fuhr Jesus in den Himmel auf; dann - zehn Tage später, am Pfingsttag - kam der Heilige Geist zu diesem Zeitpunkt der Geschichte als eine Person vom Himmel hernieder und wohnte auf Erden. Er ist jetzt der persönliche Vertreter der Gottheit auf Erden. Er wohnt in allen wahren Gläubigen, das heißt in »der Gemeinde«. In 1. Korinther 3,16 sagt Paulus zur Gesamtheit dieser Gläubigen: »Wißt ihr nicht, daß ihr Gottes Tempel seid und der Geist Gottes in euch wohnt?«

Der irdische Dienst des Heiligen Geistes innerhalb der Gemeinde besteht darin, die Gläubigen zu einem vollkommenen Leib für Christus zuzubereiten. Wenn das vollendet ist, wird dieser Leib Christus wiederum dargebracht werden, so wie eine Braut dem Bräutigam übergeben wird. Sobald der Heilige Geist diese Aufgabe innerhalb der Gemeinde erfüllt hat, wird er wieder von der Erde zurückgezogen werden und dabei gleichzeitig den vollendeten Leib Christi mit sich nehmen.

Der Widerstreit zwischen dem Heiligen Geist und dem Geist des Antichrists wird auch in 1. Johannes 4,3.4 beschrieben: »... doch jeder Geist, der Jesus nicht bekennt, der ist nicht von Gott. Und das ist der Geist des Antichrists, von dem ihr gehört habt, daß er kommen wird, und er ist jetzt schon in der Welt. Kinder, ihr seid von Gott und habt jene überwunden; denn der in euch ist, ist größer als der, der in der Welt ist.«

In der Welt ist der Geist des Antichrists, der das Auftreten des Antichrists selbst vorbereitet. In den Jüngern Christi ist der Heilige Geist, der das Auftreten des Antichrists zurückhält. Auf diese Weise fungieren die Jünger, in welchen der Heilige Geist wohnt, als eine Schranke, um den Höhepunkt der Gesetzlosigkeit und das endgültige Erscheinen des Antichrists zurückzuhalten. Erst dann, wenn der Heilige Geist zusammen mit dem zubereiteten Leib Christi von der Erde hinweggenommen sein wird, können die Kräfte der Gesetzlosigkeit schrankenlos wirken, und das Endziel des Antichrists wird erreicht werden. In der Zwischenzeit ist es jedoch sowohl das Vorrecht als auch die Verantwortung der Jünger Christi, durch die Kraft des Heiligen Geistes die Kraft des Antichrists zu »überwinden« und in Schranken zu halten.

Wenn wir versagen

Als Salz der Erde haben wir als Christi Jünger demnach zwei wichtige Verantwortungen. Erstens vertrauen wir die Erde durch unsere Gegenwart Gottes anhaltender Gnade und Barmherzigkeit an. Zweitens halten wir durch die Macht des Heiligen Geistes in uns die Kräfte der Gesetzlosigkeit und des Verderbens bis zu der von Gott festgesetzten Zeit in Schranken.

Indem die Gemeinde diese Verantwortungen erfüllt, steht sie als ein Bollwerk gegen die Realisierung des höchsten Zieles Satans, nämlich die Herrschaft über die ganze Erde zu gewinnen. Das erklärt, warum Paulus in 2. Thessalonicher 2,3 sagt: »Zuvor muß der Abfall kommen und der Mensch der Gesetzlosigkeit [der Antichrist] offenbart werden ...« Das Wort, das hier mit »Abfall« übersetzt wurde, bedeutet wörtlich *Apostasie*, das heißt Abfall vom

Glauben. Solange die Gemeinde fest und beständig im Glauben verwurzelt ist, besitzt sie Kraft, um das endgültige Offenbarwerden des Antichrists aufzuhalten. Satan selbst ist sich darüber im klaren; deshalb ist es sein höchstes Ziel, den Glauben und die Gerechtigkeit der Gemeinde zu untergraben. Hat er das einmal erreicht, dann ist das Hindernis für sein Vorhaben beseitigt und der Weg für ihn frei, sowohl geistige als auch politische Macht über die ganze Welt zu gewinnen.

Angenommen, Satan erreicht sein Ziel, weil wir als Christen versagt haben, unsere Verantwortungen zu erfüllen. Was geschieht dann? Jesus selber gibt uns die Antwort: Wir werden zu »Salz, das seine Wirkung verloren hat«. Er warnt uns davor, was mit derartigem Salz geschieht: »Es ist zu nichts mehr nütze, als daß man es fortschüttet und von den Leuten zertreten läßt« (Matthäus 5,13).

»Zu nichts mehr nütze!« Das ist in der Tat ein strenges Urteil. Was wird dann mit uns geschehen? Wir werden »fortgeschüttet« - von Gott verworfen. Und dann werden wir »von den Leuten zertreten«. Die Menschen werden zum Werkzeug für Gottes Gericht über eine salzlose, abtrünnige Gemeinde. Versagen wir in der Gemeinde Christi, die Kräfte der Sündhaftigkeit zurückzuhalten, wird genau diesen Kräften das Strafgericht über uns gegeben werden.

In Römer 12,21 legt Paulus ganz klar die Alternative dar, die für uns besteht: »Laß dich nicht vom Bösen überwinden, sondern überwinde das Böse mit Gutem.« Es stehen nur zwei Möglichkeiten zur Auswahl: *Entweder wir überwinden oder wir werden überwunden.* Es gibt keinen Mittelweg, keine dritte Möglichkeit. Wir können das Gute, das Gott uns gegeben hat, benutzen, um das Böse, dem wir gegenüberstehen, zu überwinden. Tun wir dies jedoch nicht, so wird uns das Böse selbst überwinden.

Diese Botschaft enthält eine besondere Dringlichkeit für diejenigen unter uns, die in Ländern leben, in denen

Freiheit ist, den christlichen Glauben zu verkünden und in die Tat umzusetzen. In vielen Ländern haben Christen diese Freiheit heute verloren. Gleichzeitig wurden viele Millionen Menschen in diesen Ländern systematisch unterwiesen, das Christentum und alles, was damit in Zusammenhang steht, zu hassen und zu verachten. Für Menschen, die derart geschult und belehrt wurden, gäbe es keine größere Befriedigung, als alle Christen mit Füßen zu treten, die noch nicht in ihrer Gewalt sind.

Wenn wir Jesu Warnung beachten und unsere Funktion als Salz der Erde erfüllen, haben wir Macht, dies zu verhindern. Vernachlässigen wir jedoch unsere Verantwortungen und kommen unter das Gericht, das die Folge davon ist, dann wird der bitterste Vorwurf gegen uns selber sein: *Dies hätte niemals passieren müssen!*

KAPITEL 2

Ein Königreich von Priestern

Gott hat uns - seinem gläubigen Volk auf Erden - Vollmacht gegeben, das Schicksal von Völkern und Regierungen zu bestimmen. Er erwartet von uns, daß wir unsere Vollmacht für seine Verherrlichung und für unser Wohlergehen einsetzen. Tun wir das nicht, so sind wir für die Folgen verantwortlich. Die Heilige Schrift lehrt dies sowohl durch Gebote als auch durch Beispiele. Diese Wahrheit wird durch die persönliche Erfahrung vieler Gläubiger bestätigt und ist deutlich über die Geschichte ganzer Nationen geschrieben. In späteren Kapiteln werden wir bestimmte Beispiele dafür aus der neueren Weltgeschichte näher betrachten. In diesem Kapitel soll zunächst die biblische Grundlage dieser Vollmacht untersucht werden.

Die Worte Gottes im Munde des Menschen

Die Laufbahn des Propheten Jeremia stellt ein hervorragendes Beispiel dar. In den ersten zehn Versen des ersten Kapitels verkündet Gott, daß er Jeremia als »Propheten für die Völker« ausgesondert hat. Jeremia beteuert daraufhin, daß er unfähig sei, diese Rolle zu erfüllen, und er erwidert: »... ich tauge nicht zu predigen; denn ich bin zu jung«. Gott bestätigt jedoch nochmals nachdrücklich, daß er ihn berufen hat und verkündet ihm abschließend: »Siehe, ich setze dich heute über Völker und Königreiche, daß du ausreißen und einreißen, zerstören und verderben sollst und bauen und pflanzen« (Vers 10).

Welch eine hohe Stellung für einen jungen Mann, »über Völker und Königreiche« gesetzt zu sein! Diese Vollmacht liegt auf einer höheren Ebene als die normalen Kräfte, die die Weltpolitik bestimmen. Nach der äußeren Erscheinung zu urteilen, zeigte die darauffolgende Laufbahn Jeremias kaum Anzeichen derartiger Vollmacht. Im Gegenteil, Jeremias Botschaft wurde von fast allen Menschen abgelehnt, und er selber war ein Opfer der Schmach und Verfolgung. Er schmachtete mehrere Monate lang im Gefängnis und war mehrmals - entweder durch Folter oder Hunger - dem Sterben nahe.

Durch den Lauf der Geschichte aber wurde die Vollmacht Jeremias und seiner Botschaft bestätigt. Seine prophetischen Worte offenbarten das Schicksal Israels und fast aller umliegenden Völker im Mitleren Osten wie auch das Schicksal der Völker in anderen Teilen der Erde. 2500 Jahre sind seitdem vergangen. Im Licht der Geschichte ist es nun möglich, eine objektive Auswertung zu treffen. Im Verlauf der Jahrhunderte nahm die Geschichte jedes einzelnen dieser Völker genau den Gang, den Jeremia vorausgesagt hatte. Je eingehender wir die Geschichte dieser Völker mit den Prophezeiungen Jeremias vergleichen, desto genauer können wir deren Übereinstimmung erkennen. Jeremia war deshalb in der Tat »über jene Völker und über jene Königreiche gesetzt« worden und wurde durch die Weissagungen, die er verkündete, zum eigentlichen Schiedsrichter ihres Schicksals.

Worauf basierte diese weitreichende Vollmacht? Die Antwort darauf finden wir in Jeremia 1,9: »Und der Herr streckte seine Hand aus und rührte meinen Mund an und sprach zu mir: Siehe, ich lege meine Worte in deinen Mund.« Die Vollmacht lag in den Worten Gottes, die Gott selbst Jeremia gab. Da die Worte Jeremias nicht seine eigenen Worte waren, sondern von Gott eingegeben, waren sie in Jeremias Mund genauso wirksam, wie sie es im Munde Gottes selbst gewesen wären. Gott hat in allem Irdischen das letzte Wort. Manchmal läßt er es jedoch durch den Mund eines gläubigen Menschen verkünden. Das kann durch eine öffentliche Weissagung geschehen oder durch die Auslegung der Heiligen Schrift in der Vollmacht des Heiligen Geistes. Häufig finden Gottes Worte in einem persönlichen Gebet, in einer Fürbitte oder Bitte Ausdruck.

Es ist wichtig zu beachten, daß Jeremia in einer doppelten Beziehung zur weltlichen Regierung seiner Zeit stand: Auf der natürlichen Ebene unterstand er als jüdischer Bürger der Regierung seines Volkes, die durch den König und die Fürsten vertreten wurde. In keinerlei Weise predigte oder befürwortete Jeremia einen politischen Umsturz oder Anarchie. Außerdem versuchte er niemals, den Erlassen zu entgehen oder zu widerstehen, die von den Regierungen ausgingen und gegen ihn gerichtet waren, auch wenn diese oft willkürlich und ungerecht waren. Auf geistlicher Ebene aber, auf die ihn Gott durch seinen prophetischen Dienst erhoben hatte, übte Jeremia über dieselben Herrscher Macht aus, welchen er auf natürlicher Ebene unterstand.

Den Thron mit Christus teilen

Jeremias Laufbahn veranschaulicht ein Prinzip, das im Neuen Testament noch klarer dargelegt wird: *Jeder Christ hat eine doppelte Staatsbürgerschaft*. Durch die natürliche Geburt ist er Bürger eines irdischen Volkes und unterliegt allen Verordnungen und Anforderungen der rechtmäßigen Regierung seines Volkes. Aber durch die geistliche Wiedergeburt durch den Glauben an Christus ist er auch ein Bürger des himmlischen Königreiches Gottes. Dies bildet die Grundlage für Paulus' Feststellung, die bereits im letzten Kapitel angeführt wurde: »Wir...sind Bürger des Himmels« (Philipper 3,30, Die Gute Nachricht).

Als Bürger des Himmels unterliegt der Christ den Gesetzen des himmlischen Königreiches; er hat aber auch gleichzeitig ein Anrecht auf dessen Vollmacht. Von diesem

Königreich spricht David in Psalm 103,19: »Der Herr hat seinen Thron im Himmel errichtet, und sein Reich herrscht über alles.« Gottes Königreich steht über allen anderen Reichen und über allen anderen Mächten, die auf Erden wirken. Es ist Gottes Plan, die Macht seines Reiches mit seinem gläubigen Volk zu teilen. In Lukas 12,32 ermutigt Jesus seine Jünger: »Fürchte dich nicht, du kleine Herde! Denn es hat eurem Vater gefallen, euch das Reich zu geben.« Der Trost seiner Worte liegt nicht in der Stärke oder Zahl der Herde, denn es ist eine »kleine Herde« - eine Herde von »Schafen mitten unter den Wölfen« (Matthäus 10,16). Die Gewißheit, daß das Königreich uns gehört, gründet sich darauf, daß es dem Vater gefällt, »... nach dem Plan dessen, der alles nach dem Ratschluß seines Willens wirkt« (Epheser 1,11).

Als Christen ist unsere Stellung im Reich Gottes durch unser Verhältnis zu Christus bestimmt. Paulus erklärt in Epheser 2,4-6: »Aber Gott, der reich ist an Erbarmen, hat in seiner großen Liebe, mit der er uns geliebt hat, auch uns, die wir in Sünden tot waren, mit Christus lebendig gemacht - aus Gnade seid ihr gerettet. Er hat uns mit ihm auferweckt und zusammen mit ihm in die himmlische Welt versetzt in Christus Jesus...«

Gottes Gnade läßt uns in drei aufeinanderfolgenden Schritten Christus gleich werden: Zuerst werden wir »lebendig gemacht«. Wir haben Anteil am Leben Christi. Dann werden wir »auferweckt«, so wie Christus von den Toten auferweckt wurde. Wir haben Anteil an der Auferstehung Christi. Und drittens werden wir in das Himmlische Königreich »versetzt«. Wir haben Anteil an der königlichen Vollmacht Christi auf seinem Thron. Das alles wird nicht in der Zukunftsform ausgedrückt, sondern in der vollendeten Gegenwart, das heißt als eine Tatsache, die bereits Gültigkeit hat. *Jede dieser drei Phasen wird nicht durch unsere eigenen Anstrengungen oder Verdienste erreicht, sondern einzig und allein dadurch, daß wir im Glauben mit Christus vereint sind.*

In Epheser 1,20.21 beschreibt Paulus das Amt höchster Gewalt, in das Christus vom Vater erhoben wurde: »...als er ihn von den Toten auferweckt und zu seiner Rechten im Himmel eingesetzt hat über alle Reiche, Gewalt, Macht, Herrschaft und was sonst noch Rang und Namen hat...«. Christi Vollmacht zur Rechten Gottes hebt nicht unbedingt alle anderen Formen der Macht oder Regierung auf, aber sie steht über ihnen. Das kommt auch durch den Titel zum Ausdruck, der Christus im Buch der Offenbarung zweimal verliehen wird: »Herr aller Herren und König aller Könige« (Offenbarung 17,14;19,16). Christus ist der höchste Herrscher über alle Herrscher und Regent über alle Regierungen. Diese Stellung auf dem Thron Gottes teilt er mit seinem gläubigen Volk.

Wie können wir das Ausmaß dessen erfassen, das uns auf diese Weise zuteil wird? Wir finden die Antwort im Gebet des Paulus in den vorangehenden Versen vom Epheserbrief, Kapitel 1:

> »...daß der Gott unsres Herrn Jesus Christus, der Vater der Herrlichkeit, euch den Geist der Weisheit und der Offenbarung gebe, damit ihr ihn erkennt. Er erleuchte die Augen eures Herzens, damit ihr seht, zu welcher Hoffnung ihr von ihm berufen seid, welcher Reichtum an Herrlichkeit den Heiligen zuteil wird und wie überschwenglich groß sich seine Kraft an uns erweist, die wir glauben. Mit dieser Macht seiner Stärke hat er in Christus gewirkt, als er ihn von den Toten auferweckt und zu seiner Rechten im Himmel eingesetzt hat...« Epheser 1,17-20

Diese Offenbarung können wir nicht durch unsere logische Vernunft oder durch das Wissen unserer Sinne empfangen. Sie kommt nur durch den Heiligen Geist. Er allein »erleuchtet die Augen unseres Herzens« und zeigt uns zwei miteinander in Beziehung stehende Tatsachen: erstens, daß die Autorität Christi jetzt die höchste Macht des Universums ist; zweitens, daß die gleiche Kraft, die Christus in diese Machtstellung erhoben hat, jetzt auch in uns, »die wir glauben«, wirkt.

In 1. Korinther, Kapitel 2, gibt Paulus eine ausführlichere Erklärung dieser beiden Erkenntnisse, die den Christen nur durch den Heiligen Geist zuteil werden können. Er sagt: »Sondern wir verkündigen die geheimnisvolle Weisheit Gottes, die verborgen ist; Gott hat sie vor aller Zeit zu unserer Herrlichkeit vorherbestimmt, und keiner von den Herrschern dieser Welt hat sie erkannt; denn wenn sie die erkannt hätten, so hätten sie den Herrn der Herrlichkeit nicht gekreuzigt« (Verse 7 und 8). Diese »geheimnisvolle und verborgene« Weisheit offenbart Christus als »den Herrn der Herrlichkeit«. Sie ist »zu unserer Herrlichkeit« bestimmt, denn sie zeigt, daß wir durch unsere Gemeinschaft mit ihm an seiner Herrlichkeit teilhaben.

Paulus fährt fort: »Sondern es ist gekommen, wie geschrieben steht (Jesaja 64,3): 'Was kein Auge gesehen hat und kein Ohr gehört hat und in keines Menschen Herz gekommen ist, was Gott bereitet hat denen, die ihn lieben.' Uns aber hat es Gott offenbart durch seinen Geist« (Verse 9 und 10). Paulus betont wiederum, daß diese Art der Erkenntnis nicht durch die Sinne vermittelt wird noch dem inneren Vermögen des Verstandes oder der Vorstellungskraft des Menschen entspringt, es sei denn, er wird durch den Heiligen Geist erleuchtet.

In Vers 12 faßt Paulus folgendermaßen zusammen: »Wir aber haben nicht den Geist der Welt empfangen, sondern den Geist aus Gott, so daß wir wissen können, was uns von Gott geschenkt ist.« Unsere Stellung in Christus zur Rechten Gottes ist eines der Dinge, die uns Gott geschenkt hat. Paulus stellt hier zwei Erkenntnisquellen gegenüber. »Der Geist der Welt« zeigt uns die Dinge dieser Welt. Durch ihn verstehen wir unsere Stellung als Bürger auf Erden mit all ihren Rechten und Verpflichtungen. Aber »der Geist aus Gott« läßt uns das Reich Christi und unsere Stellung darin erkennen. Durch ihn verstehen wir unsere Rechte und Verantwortungen als Bürger des Himmels.

Wenn unsere Stellung mit Christus auf dem Thron Gottes manchmal fern und unwirklich erscheint, ist die Ursache dafür ganz einfach: Wir haben nicht die Offenbarung empfangen, die uns der Heilige Geist durch die Schrift schenkt. Ohne diese Offenbarung können wir die Vorzüge unseres himmlischen Bürgerrechts weder verstehen noch ausnutzen. Anstatt als Könige zu regieren, mühen wir uns noch als Sklaven ab.

Von Sklaven zu Königen

Es war von Anfang an Gottes Plan, seine Herrschaft über die Erde mit den Menschen zu teilen. In 1. Mose 1,26 wird der ursprüngliche Zweck der Erschaffung des Menschen genannt: »Und Gott sprach: Lasset uns Menschen machen, ein Bild, das uns gleich sei, [Menschen] die da herrschen über die Fische im Meer...« Aufgrund ihres Ungehorsams büßten Adam und seine Nachkommen ihre Vormachtstellung ein. Anstatt im Gehorsam als Könige zu regieren, wurden sie als Sklaven der Sünde dem Satan unterworfen.

Die Herrschaft, die durch Adam dem ganzen Menschengeschlecht verlorenging, ist den Gläubigen in Christus jedoch wiedergegeben. »Denn wenn wegen der Sünde des Einen [d.h. wegen Adams Ungehorsam] der Tod geherrscht hat durch den Einen, wieviel mehr werden alle, die die Fülle der Gnade und der Gabe zur Gerechtigkeit empfangen, im Leben herrschen durch den Einen, Jesus Christus« (Römer 5,17). Die Folgen von Adams Ungehorsam und Christi Gehorsam zeigen sich schon im diesseitigen Leben. Der Tod herrscht jetzt über die Ungläubigen. Ebenso herrschen die Gläubigen im jetzigen Leben durch Christus. Durch unsere Gemeinschaft mit Christus sind wir schon jetzt vom Tode auferweckt, haben

Anteil an Gottes Thron und herrschen zusammen mit ihm.

Gottes Erlösungsplan für die Menschheit spiegelt seine ursprüngliche Absicht bei der Erschaffung des Menschen wider. Die erlösende Gnade Gottes befreit den Menschen aus seiner Stellung als Sklave und stellt seine Position als Herrscher wieder her. Im Alten Testament ist dies bei der Befreiung Israels aus der ägyptischen Sklaverei deutlich zu sehen. In 2. Mose 19,6 läßt Gott Israel den Zweck und seine Absicht wissen, wofür er sie erlöst hat: »Und ihr sollt mir ein Königreich von Priestern und ein heiliges Volk sein.« »Ein Königreich von Priestern« bedeutet wiederhergestellte Macht - Königsherrschaft anstelle von Sklaventum. Gott bot Israel ein doppeltes Vorrecht an: als Priester zu dienen und als Könige zu regieren. Wie wir in den späteren Kapiteln dieses Buches sehen werden, haben einige der großen Heiligen Israels - wie etwa Daniel - diese hohe Berufung angenommen. Zum größten Teil aber nahm das Volk Israel Gottes gnädige Verheißung nicht an.

Im Neuen Testament erneuert Gott die Berufung, die er ursprünglich nur Israel gegeben hatte, für all diejenigen, die durch den Glauben an Christus erlöst sind. In 1. Petrus 2,5 werden Christen als »heilige Priesterschaft« bezeichnet. Als Priester des Neuen Testaments besteht ihr Dienst darin, »... geistliche Opfer darzubringen, die Gott gefallen, durch Jesus Christus«. Die »geistlichen Opfer«, die von Christen dargebracht werden, sind die verschiedenen Formen des Gebets - besonders die Anbetung und Fürbitte. In 1. Petrus 2,9 werden Christen außerdem als »die königliche Priesterschaft« benannt. Diese Bezeichnung stimmt mit »ein Königreich von Priestern« in 2. Mose 19,6 genau überein.

Im Buch der Offenbarung wird die gleiche Bezeichnung zweimal auf die durch den Glauben an Jesus Christus Erlösten angewandt. In Offenbarung 1,5.6 lesen wir: »... ihm [Christus], der uns liebt und von unsern Sünden erlöst hat mit seinem Blut und uns zu Königen und Priestern vor Gott, seinem Vater, gemacht hat ... « Und ebenso in Offenbarung 5,9.10: »[du] hast mit deinem Blut Menschen für Gott erkauft ... und hast sie zu Königen und Priestern unseres Gottes gemacht ... « Insgesamt wird Gottes Plan, sein erlöstes Volk zu einem »Königreich von Priestern« zu machen, viermal in der Bibel erwähnt - einmal im Alten Testament und dreimal im Neuen Testament. An allen drei Stellen im Neuen Testament wird Gottes Plan dargelegt - nicht als etwas, das erst in der Zukunft geschehen soll, sondern als eine Tatsache, die für uns als Christen durch unsere Stellung in Christus bereits vollendet ist.

Wir regieren durch Gebet

In Psalm 110,1-4 zeichnet David ein Bild von Christus, wie er als König und Priester zusammen mit seinem gläubigen Volk regiert. Jede Einzelheit dieses Bildes ist bedeutsam und verdient unsere sorgfältige Aufmerksamkeit. Die von David verwendete und von Gott inspirierte Sprache und Bildhaftigkeit müssen im Zusammenhang mit anderen Bibelstellen ausgelegt werden.

In Vers 1 wird Christus als König, der zur Rechten des Vaters sitzt, offenbart: »Der Herr sprach zu meinem Herrn: 'Setze dich zu meiner Rechten, bis ich deine Feinde zum Schemel deiner Füße mache'.« Kein anderer Vers des Alten Testaments wird im Neuen Testament so oft zitiert wie dieser. In drei Evangelien zitiert Jesus die Worte Davids und wendet sie auf sich an (Matthäus 22,44; Markus 12,36; Lukas 20,42.43). Ebenso gebraucht Petrus diese Worte in bezug auf Jesus in seiner Pfingstpredigt (Apostelgeschichte 2,34.35). Auch in Psalm 2,6 wird Christus in ähnlicher Weise als König dargestellt, denn der Vater verkündet: »Ich aber habe meinen König eingesetzt auf meinem heiligen Berg Zion.«

In Vers 4 von Psalm 110 wird Davids Bild durch die Offenbarung Christi als Priester vervollständigt: »Der Herr hat geschworen, und es wird ihn nicht gereuen: 'Du bist ein Priester ewiglich nach der Weise Melchisedeks.« Die gesamte Lehre des Hebräerbriefes über Christus als Hoherpriester basiert auf diesem Vers von Psalm 110. Der Autor des Hebräerbriefes betont, daß in Melchisedek die beiden Funktionen als König und Priester vereint waren. Melchisedek war »Priester Gottes des Höchsten«. Außerdem war er aufgrund der eigentlichen Bedeutung seines Namens »König der Gerechtigkeit. Dann aber heißt er auch: König von Salem, das bedeutet: König des Friedens« (Hebräer 7,1.2).

Diesen zweifachen Dienst übt Christus jetzt zur Rechten des Vaters aus. Als König regiert er; als Priester tut er Fürbitte: »... denn er lebt für immer und bittet für sie« (Hebräer 7,25).

In Vers 2 wird beschrieben, wie Christus seine Königsherrschaft ausübt: »Der Herr wird das Zepter deiner Macht ausstrecken aus Zion. Herrsche mitten unter deinen Feinden!« Das ist die heutige Situation in der Welt. Die Feinde Christi sind noch nicht völlig bezwungen, sondern sind noch am Wirken und widersetzen sich seiner Herrschaft und seinem Reich. Christus ist jedoch erhöht worden, und ihm ist über sie alle Gewalt gegeben. Und so herrscht er jetzt »mitten unter seinen Feinden«.

David spricht von dem »Zepter deiner Macht«. Mit diesem Zepter regiert Christus. Das »Zepter« ist in der Bibel das Zeichen der Macht eines Herrschers. Als Mose seinen Stab ausstreckte, kamen die Plagen Gottes über Ägypten, und später teilten sich die Wasser des Roten Meeres vor dem Volk Israel (2. Mose, Kapitel 7-14). Als Hoherpriester und Haupt des Stammes Levi hatte Aaron einen Stab, auf dem sein Name geschrieben war (4. Mose 17,18). Das gleiche gilt für Christus. Seine Macht wird durch die Verwendung seines Namens wirksam.

In dem Bild, das David beschreibt, streckt Christus das Zepter nicht mit seiner Hand aus, sondern es geht von Zion aus. In der Schrift bedeutet *Zion* immer Versammlungsort des Volkes Gottes. Der Autor des Hebräerbriefes spricht zu den Christen, wenn er schreibt: »Sondern ihr seid zu dem Berg Zion gekommen ... und zu der Versammlung und Gemeinde der Erstgeborenen, deren Namen im Himmel aufgeschrieben sind ...« (Hebräer 12,22.23). Aufgrund unseres himmlischen Bürgerrechts nehmen wir einen Platz in dieser Versammlung ein, die in Zion zusammengekommen ist.

Hier erfüllen wir unsere Aufgabe im zweifachen Dienst Christi: *Als Könige regieren wir mit ihm; als Priester haben wir an seinem Dienst des Gebets und der Fürbitte Anteil.* Wir sollten niemals versuchen, diese beiden Funktionen voneinander zu trennen. Wenn wir als Könige regieren wollen, müssen wir als Priester dienen. Die Ausübung unseres priesterlichen Dienstes ist der Schlüssel zu unserer königlichen Macht. Durch Gebet und Fürbitte üben wir die Macht aus, die wir durch den Namen Jesu haben.

Davids Bild veranschaulicht auf einzigartige Weise den Gebetsdienst der Gemeinde. In der Welt nehmen die Kräfte des Bösen in allen Bereichen überhand; sie lehnen die Herrschaft Christi ab und kämpfen gegen sein Reich an. Aber »mitten unter ihnen« versammeln sich die Christen in göttlicher Ordnung als Könige und Priester. Durch das Gebet geht von ihrer Versammlung das Zepter der Macht Christi aus, die in seinem Namen angewendet wird. In allen Richtungen, in die das Zepter ausgestreckt wird, werden die Kräfte des Bösen gezwungen, sich zu ergeben, und gleichzeitig wird Christus verherrlicht und sein Reich gefördert.

Alle Christen freuen sich auf den Tag, da die Feinde Christi für immer und vollständig unterworfen sein werden und Christus als König offenbart und von der ganzen Welt anerkannt werden wird. Die Bibel verheißt uns, daß dieser Tag kommen wird. Wir dürfen jedoch nicht zulassen, daß wir aufgrund der verheißenen, zukünftigen Herrlichkeit für die Realität der gegenwärtigen Position Christi zur Rechten Gottes blind werden. *Christus regiert schon jetzt* »mitten unter seinen Feinden«, *und wir herrschen mit ihm.*

Wir sind dazu verpflichtet, von der Macht, die uns durch den Namen Jesu gegeben ist, Gebrauch zu machen und angesichts all der Kräfte des Bösen zu zeigen, daß Christus schon jetzt »König aller Könige und Herr aller Herren« ist.

KAPITEL 3

Wir sollen für unsere Regierung beten

Christus ist »König aller Könige und Herr aller Herren«. Er ist der Herrscher über alle Herrscher der Erde und der Regent über alle Regierungen der Erde. Er hat seiner Gemeinde, der Versammlung seines gläubigen Volkes, seine Autorität und Macht über alle irdischen Regierungen in seinem Namen zur Verfügung gestellt. So wie Mose seinen Stab im Namen Gottes über Ägypten ausstreckte, so übt die Gemeinde durch ihr Gebet die Macht Christi über die Völker und deren Herrscher aus.

Eine gute Regierung ist Gottes Wille

In seinem ersten Brief an Timotheus gibt Paulus ihm Anweisungen in bezug auf die richtige Ordnung und Verwaltung der örtlichen Gemeinde, die er als »Haus Gottes« bezeichnet. In Kapitel 2 gibt er Hinweise zum Dienst des Gebets in der Gemeinde:

> »So ermahne ich nun vor allem zu Bitte, Gebet, Fürbitte und Danksagung für alle Menschen, für den Kaiser und für alle Regierenden, damit wir in aller Frömmigkeit und Ehrbarkeit ein ruhiges und stilles Leben führen können. Dies ist gut und gefällt Gott, unserm Heiland, welcher will, daß allen Menschen geholfen wird und sie zur Erkenntnis der Wahrheit kommen.« 1. Timotheus 2,1-4

Paulus ruft »vor allem« zu »Bitte, Gebet, Fürbitte und Danksagung ...« auf. Wollten wir eine einzige Bezeichnung für alle vier dieser Aufgaben wählen, so wäre sie das *Gebet*. Die erste und wichtigste Pflicht der Christen, die sich versammeln, ist das Gebet. Es ist auch ihr wichtigster Dienst.

In Vers 2 sagt Paulus, daß wir für »alle Menschen« beten sollen. Dies steht in Einklang mit der Prophezeiung in Jesaja 56,7, wo Gott sagt: »...mein Haus wird ein Bethaus heißen für alle Völker«. Gott sorgt sich um »alle Menschen« und »alle Völker«, und er erwartet, daß sein Volk seine Sorge und Last mit ihm teilt. Wie sehr steht dies doch im Gegensatz zu den begrenzten, ichbezogenen Gebeten vieler überzeugter Christen. Jemand hat einmal folgende Parodie auf das Gebet des durchschnittlichen Kirchgängers gemacht: »Gott segne mich und meine Frau. Meinen Sohn Hans und seine Frau. Uns vier. Nicht mehr. Amen.«

Nach »allen Menschen« folgt als erstes spezifisches Gebetsanliegen »der Kaiser und alle Regierenden«. In Ländern, die wie Deutschland keine Monarchie sind, trifft das Wort »Kaiser« nicht zu. Ob es nun eine Monarchie ist oder nicht, so beziehen sich die Worte »alle Regierenden« auf diejenigen, die für die Regierung des Volkes verantwortlich sind. Das ist schlicht und einfach die *Regierung*.

Demnach betrifft also das erste spezifische Gebetsanliegen, das Gott für sein versammeltes Volk bestimmt hat, die »Regierung«. Aufgrund meiner vielfältigen Erfahrungen bin ich überzeugt, daß die große Mehrheit überzeugter Christen dieses Gebetsanliegen niemals ernsthaft in Betracht zieht. Sie beten nicht nur nicht »vor allem« für die Regierung, sie beten fast überhaupt nicht für sie. Sie beten mehr oder weniger regelmäßig für die Kranken, die Behinderten, für Prediger, Missionare, Evangelisten, Ungläubige - für alle möglichen Menschen, nur nicht für die, die Gott an erste Stelle gesetzt hat - »die Regierung«. Es ist keine Übertreibung, wenn man behauptet, daß viele, die sich selbst als engagierte Christen betrachten, nicht ein einziges Mal in der Woche ernsthaft für die Regierung ihres Landes beten.

Worum sollen wir im einzelnen bitten, wenn wir für unsere Regierung beten? Paulus' Antwort lautet: »...damit wir in aller Frömmigkeit und Ehrbarkeit ein ruhiges und stilles Leben führen können«. Hat die Regierung, unter der wir leben, einen Einfluß auf unsere Lebensweise? Ganz bestimmt. Wenn wir deshalb ein angenehmes Leben führen wollen, ist es in unserem eigenen Interesse und selbstverständlich, daß wir für unsere Regierung beten sollen.

Das wurde mir aufs Neue ganz klar bewußt, als ich mich vor einiger Zeit um die amerikanische Staatsbürgerschaft bewarb. Wie alle Antragsteller mußte ich die grundlegenden Prinzipien und Zielsetzungen der amerikanischen Verfassung studieren. Als ich darüber nachdachte, stellte ich mir die Frage: »Was war das eigentliche Ziel der Männer, die diese Verfassung ursprünglich konzipiert haben?« Die Herausgeber der Verfassung setzten sich einen Staat zum Ziel, in dem jeder Bürger frei sein sollte, seine eigenen legitimen Interessen ohne die Einmischung anderer Bürger oder der Regierung verfolgen zu können, und gleichzeitig sollte er unter dem Schutz der Regierung und deren Beamte stehen. Nach der Sprache zu urteilen, die verwendet wurde, vertraten die meisten - wenn nicht alle - Männer, die die Verfassung entwarfen, die Auffassung, daß ein solcher Staat nur unter dem Schutz und der Gnade des allmächtigen Gottes möglich ist.

Wir wollen nun mit dem 1. Timotheusbrief, Kapitel 2, fortfahren, in dem Paulus schreibt (Vers 3): »Solches ist gut und angenehm vor Gott, unserm Heiland, ... «. »Solches« bezieht sich auf das Thema im vorangegangenen Vers, das wir mit »gute Regierung« zusammenfassend beschrieben haben. Wenn wir *solches* durch den Satz ersetzen, auf den es sich bezieht, dann erhalten wir folgende Feststellung: »Eine gute Regierung ist der Wille

Gottes«.

Diese Feststellung hat sehr weitreichende Folgen. Sind wir von dieser Feststellung wirklich überzeugt? Nach den Worten und dem Handeln vieler Christen zu urteilen, haben sie wenig oder gar keine Hoffnung auf eine gute Regierung. Sie haben sich mehr oder weniger mit der Tatsache abgefunden, daß die Regierung unwirksam, verschwenderisch, willkürlich, korrupt oder ungerecht ist. Ich persönlich habe diese Frage lange und im Licht der Vernunft und der Bibel sorgfältig überprüft und bin zu einer tiefen Überzeugung in bezug auf Gottes Wille auf diesem Gebiet gelangt: Der *Wille Gottes ist eine gute Regierung.*

Warum Gott eine gute Regierung will

In Kapitel 2, Vers 4, nennt Paulus auch den Grund dafür, warum eine gute Regierung der Wille Gottes ist: Gott will, »daß allen Menschen geholfen werde und sie zur Erkenntnis der Wahrheit kommen«. Gott wünscht so sehr, daß alle Menschen gerettet werden, und er ermöglichte es durch das größte Opfer der Geschichte - durch den Sühnetod Jesu Christi am Kreuz. Durch den Glauben an Christi Sühneopfer haben alle Menschen Zugang zur Errettung. Um errettet zu werden, müssen sie aber zuerst »zur Erkenntnis der Wahrheit kommen«. Das ist nur dann möglich, wenn ihnen das Evangelium verkündet wird.

Paulus erläutert dies in Römer 10,13.14: »Denn wer den Namen des Herrn anrufen wird, soll gerettet werden. Wie sollen sie aber den anrufen, an den sie nicht glauben? Wie sollen sie aber an den glauben, von dem sie nichts gehört haben? Wie sollen sie aber hören ohne Prediger?« Wenn den Menschen das Evangelium nicht verkündet wird, können sie nicht von der Errettung Gebrauch machen, die durch den Sühnetod Jesu Christi für sie erworben wurde. Deshalb will Gott, daß das Evangelium allen Menschen verkündigt wird.

Nun brauchen wir nur noch die Beziehung zwischen einer guten Regierung und der Verkündigung des Evangeliums herzustellen. Wir können das tun, indem wir uns die einfache Frage stellen: Unter welcher Art von Regierung ist es leichter, das Evangelium zu verkündigen: unter einer guten Regierung oder unter einer schlechten Regierung? Um auf diese Frage eine Antwort zu finden, sollten wir den Einfluß einer guten und einer schlechten Regierung in bezug auf die Verbreitung des Evangeliums kurz vergleichen.

Durch eine gute Regierung wird einerseits Gesetz und Ordnung aufrechterhalten; es findet ein offener Meinungs- und Informationsaustausch statt; die Freiheit der Bürger wird erhalten; Rede- und Versammlungsfreiheit werden sichergestellt. (Es ist bemerkenswert, daß fast alle diese Punkte in der Verfassung der Vereinigten Staaten enthalten sind.) Kurz gesagt, eine gute Regierung schafft ein Klima, in dem das Evangelium wirksam verkündigt werden kann, ohne in religiöse Auseinandersetzungen verstrickt zu werden.

Eine schlechte Regierung andererseits läßt den Verfall von Gesetz und Sitten zu, läßt schlechte Reise- und Kommunikationsverhältnisse entstehen und legt seinen Bürgern ungerechte und willkürliche Verbote auf. Auf verschiedene Art und Weise verhindert eine schlechte Regierung mehr oder weniger die wirksame Verkündigung der Wahrheit. Im schlimmsten Fall beschneidet oder unterdrückt sie das universale Recht aller Menschen, an Gott zu glauben und ihrem Glauben durch öffentliche Gottesdienste oder Wortverkündigung Ausdruck zu verleihen. Diese Verhältnisse können wir heute mehr oder weniger in den Ländern sehen, die unter kommunistischer Herrschaft stehen.

Wir kommen deshalb zu dem Schluß, daß eine gute Regierung die Verkündigung des Evangeliums erleichtert, während eine schlechte Regierung sie erschwert. Aus diesem Grund ist eine gute Regierung der Wille Gottes. Wir können nun die Lehre in 1. Timotheus 2, 1-4 in einer Reihe einfacher, logischer Schritte zusammenfassen:

1. Der wichtigste Dienst der Gläubigen, die zur Gemeinschaft zusammenkommen, ist *Gebet*.
2. Das erste spezifische Gebetsanliegen ist die *Regierung*.
3. Wir sollen für eine gute Regierung beten.
4. Gott will, daß allen Menschen die Wahrheit des Evangeliums verkündigt wird.
5. Eine gute Regierung erleichtert die Verkündigung des Evangeliums, während eine schlechte sie verhindert.
6. *Eine gute Regierung ist deshalb der Wille Gottes.*

Mit der Erkenntnis des Willens Gottes beten

Der abschließende Satz der obigen Zusammenfassung hat äußerst weitreichende Folgen für unsere Gebete. Der ausschlaggebende Faktor für wirksames Gebet ist die Erkenntnis des Willens Gottes. Wenn wir wissen, daß das, worum wir bitten, mit dem Willen Gottes übereinstimmt, haben wir den Glauben, um es für uns in Anspruch zu nehmen. Aber wenn wir über den Willen Gottes keine Gewißheit haben, sind unsere Gebete voller Zweifel und unwirksam. In Jakobus 1, 6.7 warnt uns der Apostel, daß solche Gebete, die voller Zweifel sind, nicht erhört werden: »...denn wer zweifelt, der gleicht einer Meereswoge, die vom Winde getrieben und hin und her geworfen wird. Ein solcher Mensch denke nicht, daß er etwas von dem Herrn empfangen werde.«

Zum andern beschreibt Johannes die Zuversicht, die der Gewißheit über Gottes Wille entspringt: »Das ist die Zuversicht, die wir Gott gegenüber haben: Wenn wir um etwas bitten nach seinem Willen, dann hört er uns. Und wenn wir wissen, daß er unsre Bitten hört, wissen wir auch, daß wir erhalten, was wir von ihm erbeten haben«

(1. Johannes 5, 14.15).

Die Lehre des Johannes, die in diesem Abschnitt enthalten ist, bezieht sich auf die Erkenntnis des Willens Gottes. Vorausgesetzt wir wissen, daß unser Gebet in vollkommener Übereinstimmung mit Gottes Wille ist, dürfen wir die Gewißheit haben, daß »wir erhalten«, wofür wir auch immer gebetet haben. Die Verwendung der Gegenwartsform »wir erhalten« deutet nicht unbedingt auf ein sofortiges Sichtbarwerden dessen hin, wofür wir gebetet haben, aber es weist doch auf eine sofortige Gewißheit hin, daß unsere Bitte uns bereits von Gott gewährt worden ist. Die Zeit, die bis zum eigentlichen Offenbarwerden vergeht, kann diese anfängliche Gewißheit nicht beeinflussen.

Sie steht in Einklang mit der Lehre in Markus 11,24: »Darum sage ich euch: Bei allem, worum ihr in eurem Gebet bittet, glaubt nur, daß ihr's schon empfangen habt, so wird's euch zuteil werden.« Das Empfangen geschieht im Augenblick des Gebets. Die tatsächliche Offenbarung dessen, was wir empfangen haben, folgt dann zum geeigneten Zeitpunkt.

Nach diesen einleitenden Erklärungen ist es nun möglich, auf 1. Johannes 5, 14 und 15 die gleiche Art logischer Analyse anzuwenden, wie wir es bereits bei 1. Timotheus 2, 1-4 getan haben. Die Lehre des Johannes in diesen Versen kann folgendermaßen zusammengefaßt werden:

1. Wenn wir wissen, daß wir in unserem Gebet um etwas bitten, das dem Willen Gottes entspricht, wissen wir, daß er uns erhört.

2. Wenn wir wissen, daß Gott uns erhört, wissen wir auch, daß *wir* das *erhalten*, worum wir gebeten haben. (Das bedeutet nicht unbedingt ein sofortiges Offenbarwerden, aber es bedeutet auf jeden Fall sofortige Gewißheit.)

Um ein völliges Verständnis dessen zu erhalten, was wir durch das Gebet für unsere Regierung erreichen können, müssen wir die Lehre des Johannes mit der des

Paulus verbinden. Das Ergebnis lautet dann:

1. Wenn wir für etwas beten und wissen, daß es dem Willen Gottes entspricht, haben wir die Gewißheit, daß es uns gewährt wird.

2. Eine gute Regierung entspricht dem Willen Gottes.

3. Wenn wir das wissen und für eine gute Regierung beten, haben wir die Gewißheit, daß uns eine gute Regierung gewährt wird.

Warum hat aber die Mehrheit der Christen keine Gewißheit über eine gute Regierung? Dafür kann es nur zwei Gründe geben: Entweder sie beten überhaupt nicht für eine gute Regierung oder aber sie beten für eine gute Regierung, aber ohne die Erkenntnis, daß das Gottes Wille ist.

Diese Schlußfolgerungen, auf welche die Bibel hindeutet, sind durch meine persönlichen Beobachtungen bestätigt worden. Die große Mehrheit der Christen betet nie ernsthaft für eine gute Regierung. Von den wenigen, die für eine gute Regierung beten, betet kaum jemand mit der biblischen Überzeugung, daß sie wirklich der Wille Gottes ist. Welche dieser Erklärungen auch immer in einer gegebenen Situation zutreffen mag - die Tatsache bleibt bestehen: Gott hat es den Christen ermöglicht, durch ihr Gebet eine gute Regierung zu gewährleisten. Christen, die diese gottgegebene Macht nicht in Anspruch nehmen, machen sich dadurch ernsthaft schuldig - sowohl Gott als auch ihrem Land gegenüber.

Da ich in England aufgewachsen bin, bin ich über die Art und Weise, wie Amerikaner über ihre Regierung sprechen, oftmals schockiert. Ich kenne kein europäisches Volk - weder diesseits noch jenseits des Eisernen Vorhangs -, welches sich erlauben würde, über seine Regierung mit der Respektlosigkeit und Verachtung zu sprechen, wie es in Amerika oft der Fall ist.

Ironischerweise kritisieren in einer gewählten Demokratie diejenigen, die ständig ihre Regierung kritisieren, im Grunde sich selbst da es in ihrer Gewalt steht, durch

Wählen die Regierungsbeamten abzusetzen und durch andere zu ersetzen. Das gilt mit besonderem Nachdruck für die Christen in einer solchen Demokratie, die zusätzlich zum normalen politischen Recht außerdem Zugang zur gottgegebenen Macht des Gebets haben, wodurch sie die Veränderungen herbeiführen können, die sie entweder im politischen oder Personalbereich ihrer Regierung für wünschenswert halten.

Die Wahrheit ist, daß Christen vor Gott nicht die Verantwortung tragen, ihre Regierung kritisieren zu müssen, jedoch dafür verantwortlich sind, für sie zu beten. *Solange sie nicht beten, haben sie kein Recht zu kritisieren.* In der Tat führen die meisten Politiker und Staatsbeamten ihre Pflichten gewissenhafter aus, als Christen ihre geistlichen Pflichten erfüllen. Außerdem würden die Christen bald wenig zu kritisieren finden, wenn sie ernsthaft Fürbitte zun würden.

KAPITEL 4

Die Regierung ist Gottes Dienerin

In der Politik wie auch auf vielen anderen Gebieten streben die Menschen beständig nach Macht. Aber nur wenige stellen ernsthaft die Frage: Woher kommt die Gewalt? Durch welche Macht werden Menschen in einflußreiche Positionen erhoben oder solcher Positionen enthoben?

Macht kommt von Gott

In Psalm 75 befaßt sich die Bibel direkt mit dieser Frage:

> »Ich sprach zu den Ruhmredigen: Rühmt euch nicht so!
> und zu den Gottlosen: Pochet nicht auf Gewalt!
> Pocht nicht so hoch auf eure Gewalt,
> redet nicht so halsstarrig!
> Denn es kommt nicht vom Aufgang und nicht vom Niedergang,
> nicht von der Wüste und nicht von den Bergen,
> sondern Gott ist Richter,
> der diesen erniedrigt und jenen erhöht.« Psalm 75,5-8

Der Psalmist beginnt, indem er die Menschen vor ihrem eigenen Selbstvertrauen und Hochmut warnt. »Auf Gewalt pochen« deutet auf das Streben nach Selbstverherrlichung hin. »Halsstarriges Reden« ist ein Hinweis auf prahlerische Selbstbestätigung. Das ist nicht der rechte Weg zur Macht. Macht kommt nicht von einer irdischen Instanz. Wir können die Himmelsrichtungen Aufgang und Niedergang, Ost und West als die verschiedenen Richtungen auslegen, in welchen die Menschen politische Selbstverherrlichung suchen, wie etwa Reichtum, Bildung, soziale Stellung, einflußreiche Verbindungen und militärische Macht. Die Menschen »rühmen sich selbst«, wenn sie versuchen, sich durch diese Mittel selbst zu erhöhen. *Macht kommt von Gott.* Er ist es, der die Menschen sowohl erniedrigt als auch erhöht.

Die Geschichte der bisherigen 37 Präsidenten der Vereinigten Staaten von Amerika ist eine bemerkenswerte Bestätigung der Tatsache, daß der Ursprung politischer Macht außerhalb des Einflußbereichs der Menschen selber liegt, die sie ausüben. Dies wird anhand eines Auszugs einer Abhandlung des früheren Präsidenten John F. Kennedy auf eindrucksvolle Weise deutlich:

> Diese Einsicht in das Wesen des Regierungsamtes bestätigt die Lehre, die wir aus unserer Geschichte ziehen können, nämlich daß es für das Präsidentschaftsamt kein Ausbildungsprogramm oder spezifischen Wissensbereich gibt, der von besonderer Relevanz ist. Es werden auch keine großen Führungskräfte von einem bestimmten Teil des Landes oder Gesellschaftsbereichs nominiert. Neun unserer Präsidenten, unter welchen einige der begabtesten sind, die dieses Amt jemals innehatten, waren auf keiner Universität, wenngleich Thomas Jefferson einer der großen Gelehrten seiner Zeit war und Woodrow Wilson Präsident der Princeton Universität. Wir hatten Präsidenten, die Anwälte, Soldaten und Lehrer waren. Einer war Ingenieur, ein anderer Journalist. Sie stammten zum Teil aus den wohlhabendsten und angesehensten Familien unseres Landes, teilweise waren sie jedoch auch armer und unbekannter Herkunft. Manche von ihnen, scheinbar mit großen Fähigkeiten und hervorragenden Eigenschaften ausgestattet, waren unfähig, den Ansprüchen ihres Amtes gerecht zu werden, während andere wiederum einen Ruhm erreichten, der jegliche Erwartungen überstieg. (Copyright 1962, Parade Publications Inc., 733 Third Ave. New York, N.Y.)

Blicken wir auf die Geschichte der Könige Israels zurück, so finden wir keinen anderen König, der auf so spektakuläre Weise zur Macht aufstieg wie David. Er begann sein Leben als armer Hirtenjunge und war am Ende seiner Tage der siegreiche und berühmte Herrscher eines mächtigen Reiches. Im Gegensatz zu vielen anderen Männern, die politischen Ruhm erlangten, erkannte David den Ursprung seines Erfolges. In einem Gebet zu Gott, das er kurz vor Ende seines Lebens betete, schrieb er Gott allein seinen Ruhm und seine Macht zu: »Reichtum und Ehre kommt von dir, du herrschest über alles. In deiner Hand steht Kraft und Macht, in deiner Hand steht es, jedermann groß und stark zu machen« (1. Chronik 29,12). Der Herrscher, der die wahre Quelle seiner Macht anerkennt, ist weise und glücklich.

Ein weiterer angesehener Mann der Bibel, der den wahren Ursprung politischer Macht entdeckte, ist Daniel. Als er und seine Gefährten vom König Nebukadnezar aufgefordert wurden, sowohl dessen Traum als auch seine Deutung darzulegen, suchten sie Gott ernsthaft im Gebet und erhielten die Antwort durch direkte Offenbarung (Daniel 2, 17-19). Daraufhin brachte Daniel Gott ein Lob- und Dankgebet dar:

> »Gelobet sei der Name Gottes von Ewigkeit zu Ewigkeit, denn ihm gehören Weisheit und Stärke! Er ändert Zeit und Stunde; er setzt Könige ab und setzt Könige ein; er gibt den Weisen ihre Weisheit und den Verständigen ihren Verstand.«
>
> Daniel 2, 20.21

Im vierten Kapitel des Propheten Daniel wird er von neuem aufgefordert, einen Traum des Königs Nebukadnezar auszulegen. In bezug auf diesen Traum sagt Daniel zum König:

> »Dies ist im Rat der Wächter beschlossen und ist Gebot der Heiligen, damit die Lebenden erkennen, daß der Höchste Gewalt hat über die Königreiche der Menschen und sie geben kann, wem er will, und einen Niedrigen darüber setzen.« Daniel 4, 14

Gott will, daß die Menschen erkennen, daß er der höchste Herrscher über alle menschlichen Bereiche ist und daß die irdischen Herrscher durch seinen Rat eingesetzt werden. Darüber hinaus erhöht Gott zuweilen selbst »einen Niedrigen« zum Herrscher.

Gott gebraucht weltliche Herrscher als sein Werkzeug

Warum sollte Gott »einen Niedrigen« zum Herrscher erhöhen? Die Geschichte des Königs Nebukadnezar gibt darauf eine Antwort. Gott gebraucht weltliche Herrscher als Werkzeuge seines Gerichts über sein eigenes Volk. Israel hatte durch religiöse Untreue und soziale Ungerechtigkeit beständig gegen Gott gesündigt. Nachdem Gott sie mehrmals gewarnt hatte, setzte er den grausamen König Nebukadnezar über sie, der selbst ein Götzenverehrer war. In einer Reihe zunehmend strenger und harter Strafgerichte wurden zuerst viele Juden von Nebukadnezar als Gefangene nach Babylon weggeführt und dem Volk schwere Steuerlasten auferlegt. Schließlich zerstörte er die Stadt Jerusalem und den Tempel, und das ganze Volk wurde aus seinem Land zerstreut. Auf diese Weise war Nebukadnezar trotz all seiner Niederträchtigkeit und Gottlosigkeit ein Werkzeug Gottes und brachte das Strafgericht über das untreue und ungehorsame Volk Israel.
Nebukadnezar ist jedoch auch ein bemerkenswertes Beispiel dafür, wie Gottes Gnade und Macht ein Werkzeug des Gerichts in ein Werkzeug der Barmherzigkeit verwandeln kann. Als Daniel und seine Gefährten Gott ernsthaft im Gebet suchten, veränderte Gott das Herz Nebukadnezars. Aufgrund der besonderen Weisheit, die Daniel von Gott erhalten hatte, erhob Nebukadnezar ihn und seine Gefährten in höchste Machtpositionen. Daniels drei Gefährten wurden Herrscher über die Provinz Babylon, während Daniel Premierminister über das ganze babylonische Reich wurde und an Macht an zweiter Stelle, direkt nach Nebukadnezar, stand. Diese dramatische Ver-

änderung sowohl in der persönlichen Haltung Nebukadnezars als auch im Schicksal der Juden wurde durch die Gebete Daniels und seiner Gefährten bewirkt.

Daniels Laufbahn ist - ähnlich wie die Davids - in sich ein Beispiel dafür, daß Gott fähig ist, einen Mann niederer Abstammung in eine Stellung großer politischer Macht zu erheben. In seiner Jugend wurde Daniel als eine Art politische Geisel nach Babylon geführt. Jedoch innerhalb kurzer Zeit wurde er in das Amt des Premierministers eingesetzt. Selbst nach dem Untergang des babylonischen Reiches hatte Daniel immer noch eine einflußreiche und machtvolle Stellung im nachfolgenden Reich der Meder und Perser unter der Herrschaft von Darius und Cyrus.

In Daniel, Kapitel 6, erhalten wir einen kurzen Einblick in Daniels Gebetsleben. Die Geschichte deutet an, daß sein regelmäßiges Beten am Hofe Darius' wohlbekannt war. Daniels Rivalen, von Eifersucht getrieben, nahmen dies zum Anlaß, ihn zu belasten. Sie überredeten Darius, einen Erlaß zu unterschreiben, der besagte, daß während der nächsten 30 Tage niemand angebetet werden durfte - außer Darius. Bei Übertretung dieses Gebotes würde der Schuldige mit der Todesstrafe bestraft, d.h. in die Löwengrube geworfen werden.

Daniels Reaktion wird in Vers 11 wiedergegeben: »Als nun Daniel erfuhr, daß ein solches Gebot ergangen war, ging er hinein in sein Haus. Er hatte aber an seinem Obergemach offene Fenster nach Jerusalem, und er fiel dreimal am Tag auf seine Knie, betete, lobte und dankte seinem Gott, wie er es auch vorher zu tun pflegte.«

Daniel setzt allen, die ihm im Dienst der Fürbitte folgen wollen, ein einzigartiges Beispiel. Welch ein Vorbild der Hingabe und Beständigkeit! Daniels Angesicht war nach Jerusalem gerichtet. Dreimal am Tag betete er für den Wiederaufbau der Stadt und die Rückkehr Israels aus der Gefangenschaft in ihr eigenes Land. Die beständige Fürbitte für sein Volk war ihm ein so ernstes und dringliches persönliches Anliegen, daß ihn selbst die

Drohung der Todesstrafe nicht abschrecken konnte.

Das Ergebnis von Daniels Fürbitte wird in 2. Chronik berichtet:

> »Aber im ersten Jahr des Cyrus, des Königs von Persien, erweckte der Herr - damit erfüllt würde das Wort des Herrn durch den Mund Jeremias - den Geist des Cyrus, des Königs von Persien, daß er in seinem ganzen Königreich mündlich und auch schriftlich verkünden ließ: So spricht Cyrus, der König von Persien: Der Herr, der Gott des Himmels, hat mir alle Königreiche der Erde gegeben und hat mir befohlen, ihm ein Haus zu bauen zu Jerusalem in Juda. Wer nun unter euch von seinem Volk ist, mit dem sei der Herr, sein Gott, und er ziehe hinauf!« 2. Chronik 36, 22.23

Auf diese Weise erfüllte Gott die Verheißungen der Wiederherstellung Israels, die er durch Jesaja und Jeremia gegeben hatte. Die Verheißung Gottes durch Jesaja steht in Jesaja 44, 26-28; die Verheißung durch Jeremia in Jeremia 25,12.

Hier haben wir ein deutliches Beispiel, wie Gott weltliche Regierungen im Interesse seines eigenen Volkes verändert. Einerseits ließ Gott sein Strafgericht über den König von Babel und dessen Volk ergehen, weil sie der Rückkehr der Juden nach Jerusalem und dem Wiederaufbau des Tempels im Wege standen. (Der König von Babel, der hier gemeint ist, ist ein Nachfolger Nebukadnezars.) Andererseits setzte Gott Cyrus und das Reich der Meder und Perser an ihre Stelle und machte sie zu Werkzeugen seiner Gnade für das jüdische Volk und Jerusalem.

Bei diesen Ereignissen, die den Lauf der Geschichte von Weltreichen veränderten, waren zwei unsichtbare geistige Kräfte am Werk: *das Wort Gottes, das durch seine Propheten verkündet wurde, und die Fübitte Daniels.*

An diesen Beispielen von Gottes Handeln am jüdischen

Volk durch die Vermittlung von Nebukadnezar und Cyrus lassen sich einige wichtige Prinzipien ableiten:

1. Gott gebraucht menschliche Herrscher als Werkzeuge, um seine Ziele in der Geschichte zu erreichen, besonders im Hinblick auf sein eigenes Volk.

2. Wenn Gottes Volk ungehorsam und widerspenstig ist, setzt er grausame und boshafte Herrscher über sie.

3. Wenn Gottes Volk durch Buße und Gebet seine Gnade für sich in Anspruch nimmt, kann er die Regierung auf zweierlei Weise verändern: entweder er setzt einen bösen Herrscher ab und ersetzt ihn durch einen guten, oder aber er verändert das Herz eines grausamen Herrschers und macht ihn so zu einem Werkzeug der Gnade anstatt des Gerichts.

»Um euretwillen«

Diese Prinzipien, die sich aus der Geschichte des Alten Testamentes ergeben, werden durch die Lehre des Neuen Testamentes bestätigt. In 2. Korinther 4,15 sagt Paulus: »Und das alles geschieht um euretwillen ...« Gott sucht durch sein Handeln an der Welt sein oberstes Ziel zu erreichen: die Erfüllung seines Planes für sein eigenes Volk, das durch den Glauben an Jesus Christus mit ihm verbunden ist. Gott hat über die Ereignisse in der Weltgeschichte der letzten 2000 Jahre eine allgemeine Überschrift gesetzt, die an sein Volk gerichtet ist: *Um euretwillen...*

Im Römerbrief erwähnt Paulus dieses Prinzip besonders im Hinblick auf diejenigen, die ein Regierungsamt innehaben:

> »Jedermann soll sich denen unterordnen, die die Regierungsgewalt ausüben. Denn es gibt keine staatliche Gewalt, die nicht von Gott kommt; die bestehenden Gewalten sind von Gott eingesetzt. Wer sich also der staatlichen Gewalt widersetzt, der widerstrebt Anordnung Gottes; die ihr aber wider-

streben, ziehen sich selbst das Urteil zu. Denn vor den Regierenden müssen sich nicht die fürchten, die Gutes tun, sondern die Böses tun. Willst du dich aber nicht vor der staatlichen Gewalt fürchten, so tu Gutes; so wirst du Anerkennung bei ihr finden. Denn sie ist Gottes Dienerin dir zugut. Tust du aber Böses, so fürchte dich; denn sie trägt das Schwert nicht ohne Grund: sie ist Gottes Dienerin und vollzieht die Strafe an dem, der Böses tut. Darum ist es notwendig, sich unterzuordnen, nicht nur um der Strafe, sondern auch um des Gewissens willen.«

Römer 13, 1-5

Diesem Bibelabschnitt können wir drei Aussagen entnehmen, die von besonderer Bedeutung sind: »...es gibt keine staatliche Gewalt, die nicht von Gott kommt ...«, »Denn sie ist Gottes Dienerin dir zugut...« (oder aber) »...sie ist Gottes Dienerin und vollzieht die Strafe an dem, der Böses tut«. Paulus richtet diese Worte besonders an uns Christen. Er erklärt, daß jede Regierung von Gott eingesetzt ist. Welchen Einfluß diese Regierung auf die Christen des jeweiligen Landes hat, hängt von der Einstellung und dem Verhalten der Christen ab. Wenn sie den Willen Gottes gehorsam befolgen, dann ist die Regierung »Gottes Dienerin ihnen zugut«. Wenn Christen aber ungehorsam sind und nicht im Willen Gottes wandeln, dann wird die Regierung und deren Beamte »Gottes Dienerin und vollzieht die Strafe an ihnen«. Dies kann in einem Satz zusammengefaßt werden: *Christen erhalten die Art von Regierung, die sie verdient haben.*

Was geschieht, wenn Christen einer schlechten Regierung unterstehen? Die Regierung kann verdorben, unwirksam und verschwenderisch sein oder auch Christen mißhandeln und unterdrücken. Wie sollen wir als Christen darauf reagieren? Gottes Wort gibt uns nicht die Freiheit, sich zu beklagen oder ungehorsam zu sein. Es wird ihnen vielmehr die Pflicht auferlegt, für ihre Regierung zu beten. Wenn sie sich vor Gott demütigen und seinen Bedingungen

Folge leisten, wird er ihre Gebete erhören und um ihretwillen eine Veränderung der Regierung bewirken, die die Erfüllung seiner Pläne sicherstellt und im besten Interesse seines Volkes ist.

Gottes Anforderungen an die Regierung

Da es in der Macht der Christen liegt, durch ihr Gebet die Art von Regierung zu bestimmen, unter der sie leben wollen, ist es wichtig, daß wir wissen, für welche Art von Regierung wir beten sollen. Welche Hauptanforderungen stellt Gott an einen Menschen, der ein Regierungsamt innehat? Die Antwort auf diese Frage gibt der Heilige Geist durch den Mund Davids in 2. Samuel:

> »Der Geist des Herrn hat durch mich geredet, und sein Wort ist auf meiner Zunge. Es hat der Gott Israels zu mir gesprochen, der Fels Israels hat geredet: Wer gerecht herrscht unter den Menschen, wer herrscht in der Furcht Gottes, der ist wie das Licht des Morgens, wenn die Sonne aufgeht, am Morgen ohne Wolken. Und wie das Gras nach dem Regen aus der Erde bricht, so ist mein Haus fest bei Gott«. 2. Samuel 23,2-4

Hier werden zwei Anforderungen an einen Herrscher gestellt: *Er muß gerecht herrschen, und er muß in der Furcht Gottes herrschen.* Zweifellos ist dies ein prophetischer Hinweis auf das Reich Christi, und diese Worte werden ihre volle und endliche Erfüllung nur in Christus finden. Dennoch wird hier ein allgemeiner Grundsatz aufgestellt, der für jeden Menschen, der staatliche Gewalt ausübt, Gültigkeit hat. Die beiden Bedingungen Gottes sind, daß er *gerecht* und *gottesfürchtig* ist. Wenn einem solchen Menschen die staatliche Gewalt übertragen wird, verheißt Gott seinen Segen: »...der ist wie das Licht des Morgens, wenn die Sonne aufgeht am Morgen ohne Wolken. Und wie das Gras nach dem Regen aus der Erde bricht, so ist mein Haus fest bei Gott.«

Diese Anforderungen sind auffällig einfach im Vergleich zu den Beweggründen und Druckmitteln, die in der heutigen Politik zu beobachten sind. In den Vereinigten Staaten wie auch in Großbritannien ist das System der Zwei-Parteien-Regierung fest verankert. In den Vereinigten Staaten werden die beiden Parteien von den *Demokraten* und den *Republikanern* vertreten. In Großbritannien sind es die *Labor Partei* und die *Konservativen*. Die Bezeichnungen sind in beiden Ländern verschieden, aber die grundlegenden politischen Richtungen sind ähnlich.

Leider lassen sich die Christen beider Länder oft stärker von Parteiparolen oder -zugehörigkeit beeinflussen als von göttlichen Bestimmungen. Gott verheißt einer Regierung nicht unter der Bedingung seinen Segen, daß sie eine bestimmte Partei vertritt - ganz gleich ob sie nun Republikaner oder Demokraten, Konservative oder Labor Partei heißt.

Gott verheißt seinen Segen einer Regierung, deren Beamte die beiden grundlegenden moralischen Hauptanforderungen erfüllen. Er verlangt, daß sie »gerecht« und »gottesfürchtig« sind. Christen, die Gottes Forderungen respektieren, sollten es, wenn möglich, zu ihrem Grundsatz machen, niemanden zu wählen, der nicht gerecht und gottesfürchtig ist, ganz gleich welcher Partei er auch angehören mag. Wenn Christen Gottes Forderungen nicht beachten und Männer oder Frauen wählen, die die moralischen Voraussetzungen nicht erfüllen, fordern sie Gott im eigentlichen Sinne auf, diese Menschen, wenn sie gewählt werden, zu Werkzeugen seines Gerichtes über das Volk zu machen, das sie selbst durch seine Wahl in ihr Amt eingesetzt hat.

Besonders in den Vereinigten Staaten ist das zahlenmäßige Verhältnis überzeugter Christen gegenüber der Gesamtbevölkerung stark genug, um ihnen zu ermöglichen, einen starken Einfluß auf die Wahl der Art von

Männern auszuüben, die als Kandidaten für das Regierungsamt gewählt werden. Darauf hat der große Evangelist Charles Finney bereits zu Anfang des 19. Jahrhunderts hingewiesen. Christen, die verschiedene politische Richtungen vertreten, sollten sich dennoch über ein grundlegendes Prinzip einig sein, und zwar *keinen Kandidaten ihre Stimme zu geben, die den moralischen Anforderungen nicht gerecht werden, die in der Bibel festgelegt sind.* Wenn dieses Prinzip klar erkannt und strikt befolgt wird, ist jede der großen politischen Parteien gezwungen, nur solche Männer und Frauen als Kandidaten aufzustellen, die diesen Anforderungen gerecht werden. Als Folge davon würde das Niveau politischen Verhaltens und staatlicher Gewaltausübung im ganzen Land angehoben werden.

In anderen Ländern und unter anderen Regierungssystemen ist Gottes Volk nicht immer in der Lage, diese Art politischen Druck auszuüben. Dennoch sind sie verpflichtet, für die Machthaber ihres Volkes zu beten und auf diese Weise einen entscheidenden Einfluß auf den Kurs ihrer Regierung auszuüben.

KAPITEL 5

Beispiele, wie die Geschichte durch Gebet verändernd beeinflußt wurde

Für mich ist die Macht des Gebets und dessen Einfluß auf die Geschichte keine bloß abstrakte, theologische Formel. Ich habe bei vielen Gelegenheiten selbst den Beweis dieser Macht erfahren. In diesem Kapitel möchte ich von vier solchen Gelegenheiten berichten. Um diese Beispiele glaubhaft zu machen, habe ich Situationen gewählt, in denen verschiedene Nationen und unterschiedliche politische Faktoren mitgewirkt haben.

Der Krieg in Nordafrika

Von 1941 bis 1943 diente ich bei den Britischen Streitkräften in Nordafrika als Sanitäter. Ich gehörte zu einer kleineren Sanitätseinheit, die zwei britischen Panzerdivisionen angeschlossen war - der Ersten und der Siebenten Panzerdivision. Die letztere wurde später als die »Wüstenratten« gefeiert und trug das Emblem der weißen Springmaus.

Zu jenem Zeitpunkt hatte die moralische Verfassung der Britischen Streitkräfte einen Tiefpunkt erreicht. Das grundlegende Problem war, daß die Männer kein Vertrauen zu ihren Offizieren hatten. Ich selbst bin Sohn eines Armeeoffiziers, und viele meiner Freunde, mit denen ich aufgewachsen bin, stammten aus ähnlichen Verhältnissen. Das befähigte mich, gültige Beurteilungsmaßstäbe zu erwerben. Die Offiziere waren zu jener Zeit in ihrer Stellung in der Wüste egoistisch, unverantwortlich und undiszipliniert. Ihr Hauptinteresse war nicht das Wohl der Soldaten oder wirksame Kriegsführung, sondern ihr eigenes körperliches Wohlergehen.

Ich erinnere mich an einen Offizier, der an Malaria erkrankte und in ein Militärkrankenhaus nach Kairo evakuiert wurde. Für diesen Transport forderte er für sich ein Sanitätsauto mit vier Liegen an sowie einen Lastwagen von 1,5 Tonnen Gesamtgewicht, um seine Ausrüstung und seinen persönlichen Besitz zu befördern. Wir wurden damals ständig daran erinnert, daß Lastwagen und Benzin äußerst knapp waren und daß deren Verwendung unbedingt einzuschränken war. Von Kairo aus wurde dieser Offizier dann nach England evakuiert (ein Vorgehen, das aufgrund eines bloßen Malariaanfalls nicht gerechtfertigt war). Einige Monate später hörten wir die Stimme dieses Offiziers in einer Radiosendung, die von England aus übertragen wurde. Er gab eine anschauliche Darstellung des beschwerlichen Soldatenlebens in der Wüste.

Zu jenem Zeitpunkt war die Wasserknappheit unser größtes Problem. Das Wasser war streng rationiert; unsere Feldflaschen wurden nur jeden zweiten Tag aufgefüllt. Das war die gesamte Wassermenge, die uns für alle Bedürfnisse zugeteilt wurde - zum Waschen, Rasieren, Trinken, Kochen usw. Die Offiziere tranken jeden Abend in ihrem Kasino mehr Wasser mit ihrem Whisky, als den anderen militärischen Rängen insgesamt für ihre Bedürfnisse zugeteilt wurde.

Das Ergebnis davon war der langste Ruckzug in der Geschichte der Britischen Armee - etwa elfhundert Kilometer insgesamt - von einem Ort in Tripoli, El Agheila genannt, bis nach El Alamein, etwa 80 Kilometer westlich von Kairo. Hier bezogen die Britischen Streitkräfte schließlich Stellung. Falls El Alamein gestürmt werden sollte, wäre für die Achsenmächte der Weg frei geworden, um Ägypten unter ihre Herrschaft zu bringen, den Suez-

Kanal zu überqueren und nach Palästina vorzudringen. Das jüdische Volk würde dort dann die gleiche Behandlung erfahren haben, die es in allen Ländern Europas, die unter die Herrschaft der Nazis gekommen waren, erfahren hatte.

Etwa 18 Monate zuvor hatte ich in meinem Zimmer in einer Militärkaserne in England eine äußerst dramatische und eindrucksvolle Begegnung mit Christus gehabt. Ich kannte deshalb durch eigene Erfahrung die Realität der Macht Gottes. In der Wüste hatte ich keinerlei Gelegenheit zu geistlicher Gemeinschaft oder Seelsorge. Ich war gezwungen, mich auf die beiden Ausrüstungen Gottes für jeden Christen zu stützen: die Bibel und den Heiligen Geist. Ich erkannte bald, daß das Fasten gemäß der neutestamentlichen Lehre ein normaler Bestandteil des christlichen Lebens ist. Während der gesamten Dauer meines Aufenthaltes in der Wüste fastete und betete ich regelmäßig jeden Mittwoch.

Während des langen und zermürbenden Rückzugs in Richtung Kairo legte mir Gott ein Gebetsanliegen für die Britischen Streitkräfte in der Wüste wie auch für die gesamte Lage im Mittleren Osten aufs Herz. Ich konnte mir jedoch nicht vorstellen, wie Gott Führungskräfte segnen könnte, die so unwürdig und unwirksam waren. Ich suchte in meinem Herzen nach einem Gebet, das ich mit aufrichtigem Glauben beten könnte und das die bestehende Notlage beschrieb. Nach einer Weile schien mir der Heilige Geist folgendes Gebet zu geben: »Herr, gib uns Führer, durch die es dir zur Ehre gereicht, wenn du uns durch sie den Sieg schenkst.« Ich betete dieses Gebet regelmäßig jeden Tag. Nach kurzer Zeit beschloß die britische Regierung, den Befehlshaber der Streitkräfte in der Wüste abzulösen und ihn durch einen anderen Mann zu ersetzen. Der Mann, den die Regierung bestimmte, war ein General namens W.H.E. »Strafer« Gott. Er wurde nach Kairo geflogen, um dort das Kommando zu übernehmen, aber sein Flugzeug wurde abgeschossen; er kam ums Leben. So kam es, daß die britischen Streitkräfte in dieser kritischen Phase des Kriegsgeschehens ohne Befehlshaber waren. Winston Churchill, der zu jener Zeit Premierminister von England war, entschloß sich kurzerhand aus eigener Initiative zu handeln. Er bestimmte einen verhältnismäßig unbekannten Offizier namens B.L. Montgomery als neuen Befehlshaber, und dieser wurde dann in aller Eile von England nach Kairo geflogen.

Montgomery war der Sohn eines evangelikalen Bischofs der anglikanischen Kirche. Er war ein Mann, der zwei Anforderungen Gottes an einen Führer des Volkes ganz und gar erfüllte: Er war *gerecht* und *gottesfürchtig*. Außerdem war er ein Mann mit überaus großer Disziplin. Innerhalb von zwei Monaten hatte er seinen Offizieren ein neues Disziplinbewußtsein vermittelt und so das Vertrauen der Männer in ihre Führer wiederhergestellt.

Dann wurde die große Schlacht bei El Alamein ausgetragen. Es war der erste größere Sieg der Alliierten seit Kriegsbeginn. Die Bedrohung für Ägypten, den Suez-Kanal und Palästina wurde schließlich abgewendet, und die Kriegslage veränderte sich zugunsten der Alliierten. Man kann ohne Übertreibung sagen, daß die Schlacht bei El Alamein den Wendepunkt des Krieges in Nordafrika bedeutete.

Zwei oder drei Tage nach der Schlacht waren wir in der Wüste stationiert, ein paar Kilometer hinter den Streitkräften der Alliierten, die im Vormarsch waren. Auf der Rücklade eines militärischen Lasters, der neben mir stand, wurde in einem kleinen Transistorradio eine Darstellung des Geschehens im Hauptquartier Montgomerys übertragen, wie es ein Nachrichtenreporter am Vorabend der Schlacht als Zeuge miterlebt hatte. Er erinnerte sich, daß Montgomery seine Offiziere und Soldaten öffentlich zum Gebet aufgerufen und gesagt hatte: »Laßt uns den Herrn, der mächtig in der Schlacht ist, bitten, uns den Sieg zu geben.« Als diese Worte aus jenem Transistorradio kamen, redete Gott ganz deutlich zu meinem Geist und sprach:

»Das ist die Antwort auf dein Gebet.«

Dieser Vorfall bestätigt auf beispielhafte Weise die wahre Bedeutung der Macht, wie sie in Psalm 75, 7.8 beschrieben wird. Die britische Regierung wählte W.H.E. Gott als Befehlshaber, aber Gott verwarf ihn und setzte Montgomery an die Macht, den Mann seiner eigenen Wahl. Gott tat dies, um seinem Namen Ehre zu machen und um ein Gebet zu beantworten, das er mir selbst durch den Heiligen Geist eingegeben hatte. Durch sein Einschreiten bewahrte Gott außerdem die Juden in Palästina davor, unter die Gewalt der Achsenmächte zu kommen.

Ich glaube, daß das Gebet, welches Gott mir damals gab, auch auf andere Situationen - militärischer wie auch politischer Art - angewendet werden kann: »Herr, gib uns Führer, durch die es dir zur Ehre gereicht, wenn du uns durch sie den Sieg schenkst.«

Die Geburt des Staates Israel

1947 wurde die Frage nach der Zukunft Palästinas vor die Generalversammlung der Vereinten Nationen gebracht. Zu jener Zeit unterstand das Land noch dem britischen Mandat, das England kurz nach Ende des 1. Weltkrieges durch den Völkerbund zugeteilt worden war. Am 29. November 1947 stimmten die Vereinten Nationen darüber ab, ob das Land in zwei separate Staaten aufgeteilt werden sollte. Es wurde beschlossen, dem unabhängigen jüdischen Staat ein kleineres Gebiet zu geben und das restliche Land den Arabern zuzuteilen (mit Jerusalem unter internationaler Herrschaft). Als Zeitpunkt für das Ende des britischen Mandats und die Gründung der neuen politischen Ordnung in Palästina wurde der 14. Mai 1948 festgelegt.

Fast unmittelbar nach dem Beschluß der Vereinten Nationen zugunsten einer Teilung des Landes begannen die Araber in Palästina mit Hilfe und Unterstützung der Eindringlinge aus den benachbarten arabischen Völkern, einen nicht-erklärten Krieg gegen die jüdischen Bewohner in ihrer Mitte zu führen. Mehrere Hauptregionen des Landes wurden von den bewaffneten arabischen Gruppen - die wenig oder keinerlei Ähnlichkeit mit einer normalen Staatsregierung hatten - buchstäblich eingenommen. Anfang 1948 glich der jüdische Teil innerhalb Jerusalems bereits einer belagerten Stadt. Die jüdische Bevölkerung wurde fast völlig von der Lebensmittelzufuhr und anderen lebensnotwendigen Versorgungen abgeschnitten und war dem Hungertod nahe.

Am Tag der geplanten Gründung des neuen israelischen Staates erklärten alle benachbarten arabischen Staaten Israel den Krieg. Etwa 650.000 Israelis, mit einem Minimum an Waffen und Ausrüstung ausgestattet und ohne jegliche offiziell gegründete militärische Streitmacht, sahen sich von allen Seiten von einer feindlichen arabischen Front umgeben. Die feindliche Linie war 80 Kilometer lang, und der Feind brüstete sich mit gut ausgebildeten Armeen und reichlichem militärischen Nachschub. Die Anführer dieser arabischen Völker erklärten offen ihre Absicht, den neugegründeten israelischen Staat zu vernichten und die Israelis ins Meer zu treiben.

Zu dieser Zeit wohnten meine Frau Lydia und ich mit unseren acht adoptierten Töchtern mitten im jüdischen Teil Jerusalems. Wir bewohnten ein großes Haus im südöstlichen Teil an einer größeren Kreuzung der King George Avenue und einer Straße, die nach Osten zum Jaffator der Altstadt führte, Lydia hatte während der letzten zwanzig Jahre innerhalb oder in der Nähe von Jerusalem gewohnt. Sie war Augenzeuge einer langen Reihe anhaltender Auseinandersetzungen zwischen den Arabern und Juden in diesem Bezirk gewesen. Sie erinnerte sich, daß die Juden fast immer nur notdürftig bewaffnet und auf die Angriffe der Araber schlecht vorbereitet waren. Jetzt, in dieser kritischen Phase, schien es, daß die Chancen für die Israelis schlechter denn je standen und die Folgen einer Niederlage schrecklich sein würden.

Lydia und ich suchten zusammen in der Bibel nach einem Wort des Trostes oder der Führung Gottes. Wir waren von Tag zu Tag stärker überzeugt, daß wir in der Zeit der Wiederherstellung Israels lebten, nach der sich seine Propheten und Führer während der langen Jahrhunderte des Leidens und des Exils gesehnt hatten. Es war die Zeit, an die der Psalmist in Psalm 102, 13.14 dachte: »Du aber, Herr, bleibst ewiglich...Du wollest dich aufmachen und über Zion erbarmen; denn es ist Zeit, daß du ihm gnädig seist, und die Stunde ist gekommen.«

Wir erkannten, daß vor unseren Augen die Erfüllung der Verheißung Gottes für Israel stattfand:

> »So fürchte dich nun nicht, denn ich bin bei dir. Ich will vom Osten deine Kinder bringen und dich vom Westen her sammeln, ich will sagen zum Norden: Gib her! und zum Süden: Halte nicht zurück! Bring her meine Söhne von ferne und meine Töchter vom Ende der Erde.« Jesaja 43, 5.6

Diese und andere Bibelstellen ließen uns zur Überzeugung kommen, daß die Wiedereinsetzung der Juden in ihr Land Gottes höchster Plan war, der nun in Erfüllung ging. Dann konnte es aber nicht in seinem Willen sein, daß sie vertrieben oder vernichtet würden. Das gab uns den Glauben, für Israels Errettung zu beten; wir stützten uns dabei nicht auf nationalistische Vorurteile, sondern auf die biblische Offenbarung des Willens Gottes.

Als Lydia und ich auf diese Weise durch den Heiligen Geist im Hinblick auf Gottes Willen übereinstimmten, erfüllten unsere Gebete die Bedingungen, die in Matthäus 18, 19 genannt sind: »Wenn zwei unter euch eins werden auf Erden, worum auch immer sie bitten wollen, dann soll es ihnen widerfahren von meinem Vater im Himmel.« Eines Tages, als wir zusammen beteten, hörte ich, wie Lydia folgendes kurzes Gebet betete: »Herr, lähme die

Araber!«

Als das Gefecht in Jerusalem offen ausbrach, war unser Haus weniger als einen Kilometer von der Kampffront entfernt, die entlang der westlichen Mauer der Altstadt verlief. Wir zählten in den ersten sechs Wochen des Gefechts ungefähr 150 Fensterscheiben, die von Geschossen zerschlagen waren. Den größten Teil dieser Zeit verbrachte unsere ganze Familie in einer großen Waschküche im Ergeschoß.

Aufgrund der strategischen Lage unseres Hauses wurde unser Hinterhof von der Haganah belagert; das waren die freiwilligen Verteidigungstruppen der Juden, die sich später zur offiziellen israelischen Armee zusammenschlossen. Ein Beobachtungsposten unter dem Kommando eines jungen Mannes namens Phinehas hatte in unserem Hof Stellung bezogen. Auf diese Weise machten wir die nähere Bekanntschaft mehrerer junger Israelis - sowohl Männer als auch Frauen -, die die Stellung besetzten.

Anfang Juni 1948 gelang es den Vereinten Nationen, einen vierwöchigen Waffenstillstand auszuhandeln, und das Gefecht kam zeitweilig zum Stillstand. Während dieser Waffenruhe saßen einige unserer israelischen Freunde eines Tages in unserem Wohnzimmer und sprachen offen über ihre Erfahrungen während der anfänglichen Phase des Gefechts. »Da ist etwas, das wir nicht verstehen können«, sagte ein junger Mann. »Wir gehen beispielsweise in einen Bezirk, in dem sich Araber aufhalten, die uns zahlenmäßig eins zu zehn überlegen sind und viel besser bewaffnet als wir. Dennoch scheinen sie manchmal völlig machtlos zu sein, irgend etwas gegen uns zu unternehmen. Sie sind vollkommen machtlos, so als seien sie gelähmt!«

Dort in unserem Wohnzimmer wiederholte dieser junge Mann genau den Satz, den Lydia einige Wochen zuvor im Gebet ausgesprochen hatte. Ich habe seitdem nie aufgehört, über Gottes Treue zu staunen. Gott erhörte nicht nur buchstäblich Lydias Gebet, »die Araber zu lähmen«. Er gab uns außerdem ein unmittelbares, objektives Zeugnis durch einen israelischen Soldaten, daß er dies tatsächlich Wirklichkeit werden ließ. Gottes Ziel, Israel die ständige Besetzung seines Landes zu gewähren, wurde auf diese wunderbare Weise verwirklicht, und es verloren dadurch weniger Menschen ihr Leben, als es sonst der Fall gewesen wäre.

Die einfallenden arabischen Truppen wurden trotz all ihrer Übermacht an Waffen und Soldaten geschlagen und zurückgetrieben. Während der folgenden zwanzig Jahre wurde dieser anfängliche Sieg Israels durch ähnliche dramatische Siege in zwei aufeinanderfolgenden Kriegen befestigt.

Das Ende des stalinistischen Zeitalters

Von 1949 bis 1956 war ich Pastor einer Gemeinde in London. Ich hatte noch immer ein besonderes Interesse an Gottes Handeln am Volk Israel bewahrt, das durch meine Erlebnisse in Jerusalem zur Zeit der Gründung des Staates Israel entstanden war. Anfang 1953 erhielt ich aus zuverlässigen Quellen die Information, daß Josef Stalin, der zu jener Zeit als unanfechtbarer Diktator in der Sowjetunion herrschte, eine systematische »Säuberung« angeordnet hatte, die sich gegen die russischen Juden richtete.

Als ich über diese Situation nachdachte, erinnerte mich der Herr an Paulus' Ermahnung, die er an die heidnischen Christen in bezug auf die Juden richtete:

> »Wie ihr einst Gott ungehorsam gewesen seid, nun aber Barmherzigkeit erlangt habt durch ihren Ungehorsam, so sind auch jene jetzt ungehorsam geworden um der Barmherzigkeit willen, die euch widerfahren ist, damit auch sie jetzt Barmherzigkeit erlangen.« Römer 11, 30.31

Ich fühlte in gewisser Weise, daß Gott mir die Verantwortung für die Juden in Rußland auferlegte. Ich teilte meine Gefühle den Leitern einiger kleiner Gebetsgruppen in verschiedenen Teilen Englands mit, da ich wußte, daß ihr besonderes Interesse ebenfalls dem Schicksal der Juden galt. Wir beschlossen schließlich, einen bestimmten Tag dem Gebet und Fasten besonders für die Juden in Rußland zu widmen. Ich kann mich nicht mehr genau an das Datum erinnern, das wir festlegten, aber ich glaube, es war ein Donnerstag. Unsere eigene Gemeinde versammelte sich an jenem Abend zu einem Gebetstreffen, das in erster Linie diesem Anliegen galt.

Es gab bei diesem Gebetstreffen keine besonders dramatische geistige Offenbarung, kein besonderes Gefühl, »gesegnet« oder innerlich bewegt zu sein. Aber innerhalb von zwei Wochen nach jenem Tag änderte sich der Verlauf der Geschichte in Rußland aufgrund eines entscheidenden Ereignisses: den Tod Stalins. Er war 73 Jahre alt gewesen. Das russische Volk hatte keinerlei Vorwarnung über seine Krankheit oder den bevorstehenden Tod erhalten. Bis zum letzten Augenblick kämpften sechzehn der erfahrensten Ärzte Rußlands um die Erhaltung seines Lebens, aber es war umsonst. Als Todesursache wurde eine Gehirnblutung genannt.

Ich möchte klar herausstellen, daß kein Mitglied irgendeiner unserer Gruppen um den Tod Stalins betete. Wir legten die Situation in Rußland einfach in Gottes Hand und vertrauten auf seine Weisheit für die richtige Antwort. Ich bin dennoch überzeugt, daß Gottes Antwort in Form von Stalins Tod erfolgte.

In der Apostelgeschichte, Kapitel 12, wird von einer ähnlichen Antwort auf das Gebet der Urgemeinde berichtet. König Herodes ließ den Apostel Jakobus (Bruder des Johannes) hinrichten. Dann nahm er auch Petrus gefangen, um ihn unmittelbar nach dem Passahfest hinzurichten. Da beschloß die Gemeinde in Jerusalem, ernsthaft und anhaltend für Petrus zu beten. Das Ergebnis war, daß Gott durch die Erscheinung eines Engels auf übernatürliche Weise eingriff und Petrus aus dem Gefängnis befreit wurde. Auf diese Weise wurde das Gebet der

Gemeinde für Petrus erhört; aber Gott handelte auch an Herodes.

In den letzten Versen dieses Kapitels gibt Lukas eine anschauliche Beschreibung Herodes', wie er mit seinen königlichen Gewändern geschmückt war und an das Volk von Tyrus und Sidon eine Rede richtete. Als er geendet hatte, applaudierte das Volk und rief: »Das ist die Stimme Gottes und nicht die eines Menschen« (Apostelgeschichte 12, 22). Herodes, von Eitelkeit über seinen Erfolg aufgeblasen, nahm den Beifall an. Der Bericht endet jedoch mit den Worten: »Sogleich schlug ihn der Engel des Herrn, weil er Gott nicht die Ehre gab. Er wurde von den Würmern gefressen und gab den Geist auf (Apostelgeschichte 12, 23). Die Macht des Gebets in der Geschichte der Menschheit kann zuweilen eine schnelle und schreckliche Wirkung haben.

Ich möchte noch kurz die Folgen von Stalins Tod erwähnen. Die geplante Vernichtung der russischen Juden wurde nicht ausgeführt. Stattdessen begann ein neuer Abschnitt in der Innenpolitik Rußlands, der so bedeutungsvoll und weitreichend war, daß er später als die Ära der »Entstalinisierung« bezeichnet wurde. Kurze Zeit später wurde Stalin von seinem Nachfolger und früheren Verbündeten Nikita Chruschtschow öffentlich als grausamer und ungerechter Verfolger des russischen Volkes angeklagt. Stalins eigene Tochter, die unter der Lehre des atheistischen Kommunismus aufgewachsen war, flüchtete später aus ihrem Heimatland und suchte in dem Land Zuflucht, das ihr Vater am beharrlichsten beschimpft hatte. Außerdem bekannte sie ihren Glauben an einen gekreuzigten Juden, dessen Anhänger ihr Vater grausam verfolgt hatte.

Die Geburtswehen Kenias

Von 1957 bis 1961 dienten Lydia und ich als Lehrer im missionarischen Dienst in Kenia in Ostafrika. Ich war

Rektor eines Lehrerseminars in Westkenia.

Zu jener Zeit war Kenia noch im Begriff, sich von den blutigen Unruhen der Mau-Mau Bewegung zu erholen, die zwischen den Afrikanern und Europäern wie auch innerhalb der verschiedenen afrikanischen Stämme ein tiefes Mißtrauen und bitteren Haß hervorgerufen hatten. Zur gleichen Zeit wurde das Land in Eile auf das Ende der britischen Herrschaft und die nationale Unabhängigkeit vorbereitet, die dann 1963 schließlich auch erreicht wurde.

Im Jahr 1960 gewann Belgisch-Kongo, westlich von Kenia, die Unabhängigkeit. Ohne ausreichende Vorbereitungen waren die verschiedenen afrikanischen Gruppen im Kongo nicht fähig, die Voraussetzungen der Selbstverwaltung zu erfüllen und wurden dadurch in eine Reihe blutiger und anhaltender innerer Kriege verwickelt. Viele der europäischen Bewohner im Kongo flüchteten in Richtung Osten nach Kenia und brachten grauenhafte Darstellungen des Kampfes und des Chaos, das sie hinter sich gelassen hatten, mit.

Vor diesem Hintergrund waren die Voraussagen politischer Experten über die Zukunft Kenias äußerst düster. Es wurde allgemein vermutet, daß die Geschehnisse in Kenia den gleichen traurigen Verlauf nehmen würden wie im Kongo, und daß gleichzeitig durch die inneren Auseinandersetzungen, die ein Vermächtnis der Mau-Mau Bewegung waren, noch ernsthaftere Probleme entstehen würden.

Im August 1960 legte ich neben anderen Missionaren in Westkenia bei einer einwöchigen Versammlung für junge Afrikaner das Wort Gottes aus. Es nahmen ungefähr 200 junge Afrikaner teil, von denen die meisten entweder Lehrer oder Studenten waren. Darunter gab es eine beträchtliche Anzahl Studenten oder frühere Studenten des Lehrerseminars, an dem ich als Rektor tätig war.

Die Versammlung ging an einem Sonntag zu Ende. Beim Abschlußgottesdienst an jenem Abend wurden wir Zeugen der Erfüllung der Prophezeiung Joels, die Petrus in der Apostelgeschichte zitierte:

»Und es soll geschehen in den letzten Tagen, spricht Gott, da will ich ausgießen von meinem Geist auf alle Menschen; und eure Söhne und eure Töchter sollen weissagen, und eure jungen Männer sollen Gesichte sehen, und eure Alten sollen Träume haben...« Apostelgeschichte 2, 17

Ein Missionar aus Kanada verkündete die abschliessende Botschaft; er wurde von einem jungen Mann namens Wilson Mamboleo, der kürzlich das Studium an unserem Lehrerseminar abgeschlossen hatte, in die swahilische Sprache übersetzt. Die ersten beiden Stunden des Gottesdienstes nahmen ihren normalen Verlauf, aber nach Beendigung der Predigt des Missionars wirkte der Heilige Geist mächtig unter uns und versetzte die ganze Versammlung auf eine übernatürliche Ebene. Die nächsten zwei Stunden waren für über 200 Menschen mit spontanem Lobpreis und Gebet ausgefüllt, ohne daß sie von Menschenhand geleitet wurden.

Zu einem gewissen Zeitpunkt war ich der Überzeugung, daß wir als Versammlung Gott 'berührt' hatten und daß uns seine Macht zur Verfügung stand. Gott redete zu mir und sprach: »Laß sie nicht den gleichen Fehler begehen, den die Pfingstler so oft in der Vergangenheit gemacht haben, indem sie meine Kraft in geistlicher Genußsucht verschwendet haben. Sage ihnen, daß sie für die Zukunft Kenias beten sollen.«

Ich wollte zum Podium gehen, um der ganzen Versammlung die Botschaft mitzuteilen, die ich von Gott empfangen zu haben glaubte. Ich ging auf dem Weg nach vorne an Lydia vorbei, die neben dem Mittelgang saß. Sie streckte ihre Hand aus und hielt mich an.

»Was willst du?« fragte ich sie.

»Sag ihnen, daß sie für Kenia beten sollen«, sagte sie.

»Das ist genau der Grund, warum ich zum Podium gehe«, antwortete ich. Ich erkannte, daß Gott zur gleichen

Zeit auch zu meiner Frau geredet hatte, und ich nahm dies als eine Bestätigung seiner Führung an.

Als ich das Podium erreicht hatte, bat ich die Versammlung um ihre Aufmerksamkeit und überbrachte ihnen Gottes Aufforderung an sie. »Ihr seid die künftigen Führungskräfte eures Volkes, sowohl auf pädagogischem als auch auf religiösem Gebiet«, sagte ich zu ihnen. »Die Bibel legt euch als Christen die Verantwortung auf, für euer Land und seine Regierung zu beten. Euer Land befindet sich jetzt in der entscheidendsten Phase seiner Geschichte. Laßt uns zusammen für die Zukunft Kenias beten.«

Wilson Mambaleo stand auf dem Podium neben mir und übersetzte meine Worte in die swahilische Sprache. Als der Augenblick zum Gebet kam, kniete er sich neben mich hin. Ich leitete die Versammlung, und fast alle Anwesenden vereinten sich mit mir in lautem Gebet. Der vereinte Klang der Stimmen, die sich nun emporschwangen, erinnerte mich an die Schriftstelle in Offenbarung 19,6: »Und ich hörte eine Stimme wie von einer großen Schar, wie von tosendem Wasser und starkem Donner...« Die Klangstärke des Gebets erreichte einen Höhepunkt und brach dann plötzlich ab. Es war, als habe ein unsichtbarer Dirigent seinen Taktstock gesenkt.

Nach einigen Augenblicken der Stille stand Wilson auf und sprach zur Gemeinde. »Ich möchte euch mitteilen, was der Herr mir während des Gebets gezeigt hat«, sagte er. Ich erkannte, daß Gott ihm eine Vision gegeben hatte, während er neben mir kniete.

Wilson berichtete dann von seiner Vision, zuerst in Englisch, dann in Swahili: »Ich sah ein rotes Pferd, das vom Osten her auf Kenia zukam«, sagte er. »Es war sehr wild und wurde von einem pechschwarzen Mann geritten. Es folgten ihm mehrere Pferde, die ebenfalls rot und wild waren. Während wir beteten, sah ich, wie sich alle Pferde umdrehten und in Richtung Norden weiterliefen.«

Wilson hielt einen Augenblick inne und fuhr dann fort:

»Ich bat Gott, mir die Bedeutung dieser Vision, die ich gesehen hatte, mitzuteilen, und er sagte folgendes: »Nur die übernatürliche Macht des Gebets meines Volkes kann das Unheil abwenden, das über Kenia kommen wird.«

Ich dachte während der folgenden Tage noch oft darüber nach, was Wilson gesagt hatte. Ich erkannte, daß Wilsons Vision Ähnlichkeit mit dem Bericht in Sacharja 1, 7-11 hatte. Ich fragte Wilson, ob ihm diese Bibelstelle in Sacharja bekannt sei; er verneinte. Ich kam allmählich zu dem Schluß, daß Gott uns durch diese Vision eine Zusicherung gab, daß er unsere Gebete für Kenia erhört und daß er auf irgendeine Weise zugunsten des Landes eingreifen würde. Die späteren Ereignisse in Kenias Geschichte haben dies bestätigt.

Während der britischen Herrschaftszeit war Kenia einer der drei Staaten, die Britisch-Ostafrika bildeten. Die beiden anderen Staaten waren Uganda im Westen und Tanganjika im Süden. (Tanganjika wurde später in Tansania umbenannt.) Kenia erhielt am 12. Dezember 1963 schließlich seine Unabhängigkeit. Die anderen beiden Staaten hatten bereits einige Zeit zuvor ihre Unabhängigkeit erlangt. Unmittelbar nach der Unabhängigkeitserklärung wurde eine nationale Regierung in Kenia mit Jomo Kenyatta als erstem Präsidenten der Nation gewählt.

Im Januar 1964 wurde die Vision, die Wilson gesehen hatte, in der Geschichte Kenias Wirklichkeit. In Sansibar, vor der Osküste Kenias, brach eine blutige Revolution aus. Sie wurde von einem Afrikaner aus Uganda angeführt, der in Kuba unter Fidel Castro in revolutionären Taktiken geschult worden war. Diese Revolution stürzte den Sultan von Sansibar.

Im selben Monat erfaßte eine revolutionäre Bewegung die Nationalarmee von Tansania; ihr Einfluß erstreckte sich auch auf die Armee Kenias. Ziel war, die gewählte Regierung Kenias zu stürzen und durch eine Militärdiktatur unter kommunistischer Herrschaft zu ersetzen.

In dieser kritischen Situation bewies Kenias neuer Präsident Jomo Kenyatta durch sein Handeln Klugheit und Entschlossenheit. Er nahm die Hilfe der Britischen Armee in Anspruch und unterdrückte die revolutionäre Bewegung in der Armee Kenias, um Recht und Ordnung im Lande wiederherzustellen. Auf diese Weise wurde die Macht der gewählten Regierung erhalten und der kommunistische Versuch eines militärischen Umsturzes völlig zunichte gemacht.

In Wilsons Vision wendete sich das rote Pferd von Kenia ab und lief in Richtung Norden weiter. Nördlich der afrikanischen Küste Kenias liegt Somalia. Der kommunistische Militärputsch, der in Kenia ohne Erfolg war, erreichte sein Ziel in Somalia. Jemand hat Somalia später einmal als ein »kommunistisches, militärisches Lager« beschrieben. Die anderen Länder, die an Kenia angrenzen, haben ebenfalls ernste politische Probleme. Im Süden, in Tansania, hat ein starker kommunistischer Einfluß die politische Freiheit in verschiedenen Bereichen eingeschränkt. Im Westen, in Uganda, wurde die Geschichte des Landes durch eine Reihe unbeständiger Regierungen und innerer Unruhen unter den verschiedenen Stämmen bestimmt. Gleichzeitig bemühten sich die Moslems mit Nachdruck darum, die Herrschaft über das Land zu gewinnen und den Islam zur offiziellen Religion des Volkes zu machen. Aber Kenia, das inmitten all dieser Länder liegt, ist es dennoch gelungen, Ordnung und Fortschritt mit einem hohen Maß an politischer und religiöser Freiheit zu verbinden.

Die Einstellung der Regierung Kenias gegenüber dem Christentum war immer aufgeschlossen und entgegenkommend gewesen. Obwohl Präsident Kenyatta selbst sich nicht als Christ bekennt, hat er dennoch die verschiedenen christlichen Gruppen in Kenia offiziell eingeladen, die christliche Botschaft in jeder staatlichen Schule des Landes zu verkünden. In gewisser Weise ist Kenia zu einem strategisch gelegenen Zentrum geworden, von wo aus geschulte einheimische Christen mit der Botschaft des Evangeliums in die umliegenden Länder ausgesandt werden können.

Manchmal benützt Gott unerwartete Mittel und Wege, um uns etwas mitzuteilen. Im Oktober 1966 war ich in einem Reisebüro in Kopenhagen, um einen Flug nach London zu buchen. Während ich auf mein Flugticket wartete, nahm ich eine englische Ausgabe der *Londoner Times*, die dort auslag, zur Hand. Sie enthielt eine Beilage mit einem sechzehn Seiten langen Sonderbericht ausschließlich über Kenia. Die Aussage dieses Sonderberichts war im wesentlichen, daß Kenia sich als eines der stabilsten und erfolgreichsten Länder von fast 50 neuen Nationen erwiesen hatte, die seit Ende des 2. Weltkrieges auf dem afrikanischen Kontinent entstanden waren. Als ich diese Beilage Seite für Seite umblätterte, schien ich in mir die unhörbare Stimme Gottes zu hören, die sagte: »Das alles kann ich tun, wenn Christen voller Glauben für die Regierung ihres Landes beten.«

Als ich mich dazu entschloß, den Bericht über Gottes Wirken in Kenia in dieses Buch miteinzubeziehen, schrieb ich an Wilson Mamboleo in Nairobi. Ich beschrieb ihm in groben Zügen meine Erinnerungen an die Vision, die Gott ihm im Jahr 1960 gegeben hatte, und bat ihn, mir mitzuteilen, wie ich meinen Bericht im einzelnen vervollständigen könnte. Ich fragte ihn auch, ob er irgendwelche Anmerkungen zur gegenwärtigen Situation in Kenia machen wolle. Im folgenden bringe ich nun einige Ausschnitte aus seiner Antwort, die er mir am 30. Juni 1972 mitteilte:

»Vielen Dank für Ihren Brief. Es ist der Geist des lebendigen Gottes, der Sie geleitet hat, mich zu bitten, dies zu schreiben...«

Es ist wunderbar zu sehen, wie der Herr gewirkt hat. Ich und ein anderer Bruder, der gerne betet, haben Sie beständig im Gebet vor den Herrn gebracht, und als wir beteten, empfing ich Ihren Brief...

Was meine Vision von 1960 anbelangt, habe ich das Gefühl, daß Sie diese richtig verstanden haben, so daß dem nichts hinzuzufügen ist...

Zum gegenwärtigen Zeitpunkt herrscht Frieden und Ruhe in Kenia. Die wirtschaftliche Entwicklung macht beständig Fortschritte. Die Auslandsinvestitionen haben eine gesunde Grundlage. Das Geschäftsleben unter dem afrikanischen Volk nimmt in jeder Stadt des Landes seinen Aufschwung. Der Erfolg, der in Kenia zu verzeichnen ist, gründet sich auf die Stabilität der gegenwärtigen Regierung, die von seiner Exzellenz Präsident »Mzee« Jomo Kenyatta geleitet wird.

Man kann sagen, daß Gott diesen Mann erwählt hat, um unser Volk zu einer solchen Zeit zu führen, und ich, wie auch viele andere gläubige Christen dieses Landes, bete für ihn, daß Gott ihm Weisheit schenken möge.

Viele Leute im Land können sich nicht vorstellen, wer als Nachfolger für Präsident Kenyatta in Frage kommen könnte, wenn seine Zeit hier auf Erden abgelaufen ist. In den Augen des Volkes gibt es keinen Mann mit solcher Begabung, der eine derart hervorragende Führung übernehmen könnte und von allen seinen Landsleuten so akzeptiert werden würde wie Kenyatta. Ich glaube jedoch, und dies sage ich allen, mit denen ich zusammenkomme, daß Gott einen Mann »bereitstellen« wird - aber nur als Ergebnis des beharrlichen Gebets der Heiligen...

Wir danken Gott, daß Kenia mehr Freiheit genießt als seine Nachbarstaaten, um Gott so anzubeten, wie sich die Menschen geleitet fühlen. In Tansania wird die Religion-und besonders das Christentum - unterdrückt. Evangelistische Freiversammlungen sind nicht gestattet, es sei denn, man hat eine gültige Erlaubnis von den Behörden...In Uganda fordert die Militärregierung, die von General Amin, einem Moslem, geleitet wird. alle religiösen Gruppen auf, »ökumenisch« zu werden. Vor kurzem veranstaltete General Amin selbst einen gemischten Gottesdienst - in einer christlichen Kirche wurde ein islamischer Gebetsgottesdienst abgehalten, dem der General selbst beiwohnte...

Die Militärregierung Somalias verfolgt einen sozialistischen Kurs. Somalia hat enge Verbindungen mit den kommunistischen Ländern des Ostens-mit der Sowjetunion und Rotchina. Es erhält von ihnen große finanzielle und materielle Unterstützung, ähnlich wie Tansania sie von China erhält (außerdem militärische Ausbildung und Versorgung mit chinesischen MIG Jagdfliegern)...«

Während der letzten zwölf Jahre hat die Geschichte Kenias und der angrenzenden Nationen die exakte Erfüllung der Vision gezeigt, die Gott Wilson 1960 gab.*

Das Eingreifen Gottes zugunsten Kenias geschah durch eine Gruppe von Christen, die sich vereinten, um in Übereinstimmung mit der Schrift für die Regierung und das Schicksal ihrer Nation zu beten.

Wenn Sie über diesen Beweis der Treue Gottes nachdenken, erinnern Sie sich an die Worte, mit denen Wilsons Vision endete: »*Nur die übernatürliche Macht des Gebets meines Volkes kann das Unheil abwenden, das über Kenia kommen wird.*«

Gibt es nicht guten Grund zu der Annahme, daß sich diese Worte ebenso sehr auf Ihr Land wie auch auf mein Land beziehen?

*Der Autor beurteilt die Verhältnisse aus der Perspektive des Jahres 1973.

KAPITEL 6

Fasten verstärkt Gebet

Im vorangegangenen Kapitel wurden die Methoden des Fastens beiläufig erwähnt. Es ist nun an der Zeit, systematisch zu untersuchen, was die Bibel über das Fasten sagt. Es erscheint hilfreich, mit einer einfachen Definition zu beginnen. Wir verstehen »Fasten« als die Gewohnheit, sich für geistliche Zwecke vorsätzlich der Nahrung zu enthalten. Ist die Enthaltung von Wasser (oder anderen Flüssigkeiten) eingeschlossen, wird dies normalerweise durch den Zusammenhang deutlich.

Christi Lehre und Beispiel

Der beste Ausgangspunkt für ein Studium der christlichen Gewohnheit des Fastens ist in der Bergpredigt zu finden. In Matthäus 6,1-18 unterweist Jesus seine Jünger über drei untereinander verbundene Pflichten: das Almosengeben, das Beten und das Fasten. In jedem Fall betont er vor allem das Motiv und warnt vor religiöser Prahlerei, die dazu dient, die Menschen zu beeindrucken. Neben dieser Einschränkung setzt er voraus, daß alle seine Jünger alle drei dieser Pflichten ausüben werden. Das wird durch die Worte angedeutet, die er im Hinblick auf jede dieser Pflichten benutzt: In Vers 2 sagt er: »*Wenn* du nun Almosen gibst...« In Vers 6 heißt es: »*Wenn* aber du [Einzahl] betest...« (individuell); und in Vers 7: »Und *wenn* ihr [Mehrzahl] betet...« (gemeinsam). In Vers 16 sagt Jesus: »*Wenn* ihr [Mehrzahl] fastet...« (gemeinsam); und in Vers 17: »*Wenn* du [Einzahl] aber fastest...« (individuell). In keinem Falle sagt Christus *falls*, sondern immer *wenn*. Daraus können wir eindeutig schließen, daß er von *allen* seinen Jüngern erwartet, daß sie *alle drei* dieser Pflichten regelmäßig ausüben. Die parallele Beziehung zwischen Gebet und Fasten ist besonders deutlich. Wenn Christus von seinen Jüngern erwartet, daß sie regelmäßig beten, dann erwartet er ebenfalls, daß sie regelmäßig fasten.

Zur Zeit Christi war das Fasten unter dem jüdischen Volk ein akzeptierter Bestandteil religiöser Pflichten. Sie hatten es seit der Zeit Moses regelmäßig und kontinuierlich praktiziert. Die Pharisäer und auch die Jünger Johannes des Täufers fasteten regelmäßig. Das Volk war überrascht, daß die Jünger Jesu nicht fasteten, und sie fragten ihn nach dem Grund. Ihre Frage und Christi Antwort sind im Markusevangelium festgehalten:

> »Und die Jünger des Johannes und die Pharisäer fasteten regelmäßig; und es kamen einige, die sagten zu Jesus: Warum fasten die Jünger des Johannes und die Jünger der Pharisäer, doch deine Jünger fasten nicht? Und Jesus sagte zu ihnen: Wie können die Hochzeitsgäste fasten, während der Bräutigam bei ihnen ist? Solange der Bräutigam bei ihnen ist, können sie nicht fasten. Es wird aber die Zeit kommen, daß der Bräutigam ihnen genommen ist; dann werden sie immer an diesem Tage fasten.«
>
> Markus 2, 18-20

Diese Antwort Jesu ist in der Form eines einfachen Gleichnisses gehalten. Wichtig ist, daß es richtig ausgelegt wird. Der *Bräutigam* - wie auch an anderen Stellen im Neuen Testament - Christus selbst. *Die Hochzeitsgäste* sind die Jünger Jesu (auf die sich die Frage bezog). Die Zeit, *während der Bräutigam bei ihnen ist*, entspricht der Zeit Jesu auf Erden, als er im Fleisch unter seinen Jüngern weilte. Die Zeit, *da der Bräutigam ihnen genommen ist*, begann, als Christus wieder in den Himmel aufgefahren war und wird andauern, bis er für seine Gemeinde wiederkommt. In der Zwischenzeit wartet die Gemeinde als Braut auf die Rückkehr des Bräutigams. Dies ist der Zeitabschnitt, in dem wir jetzt leben; im Hinblick auf ihn sagt Jesus mit Bestimmtheit: »...dann werden sie immer an diesem Tage fasten.« Fasten ist deshalb in der Zeit, in der wir jetzt leben, ein Zeichen wahrer Jüngerschaft Christi und von Jesus selbst verordnet.

Das Fasten wird nicht nur durch die Lehre Christi bestätigt, sondern auch durch sein eigenes, persönliches Beispiel. Unmittelbar nachdem er von Johannes dem Täufer im Jordan getauft worden war, wurde Jesus vom Heiligen Geist geleitet, 40 Tage lang in der Wüste zu fasten. Das wird im Lukasevangelium berichtet:

> »Jesus kehrte, mit heiligem Geist erfüllt, vom Jordan zurück und wurde vom Geist in die Wüste geführt und vierzig Tage lang vom Teufel versucht. Und er aß nichts in diesen Tagen, und als sie zu Ende waren, hatte er Hunger.« Lukas 4, 1.2

Es wird berichtet, daß Jesus während dieser vierzig Tage keinerlei Nahrung zu sich nahm, aber es wird nicht gesagt, daß er nichts trank. Es heißt auch: »...als sie zu Ende waren, hatte er Hunger«, aber es wird nicht gesagt, daß er Durst hatte. Daraus kann mit ziemlicher Sicherheit gefolgert werden, daß er sich der Nahrung enthielt, aber nicht des Wassers.

Während dieses Zeitabschnitts von vierzig Tagen kam Jesus in direkten geistlichen Konflikt mit dem Satan.

Es besteht ein bedeutsamer Unterschied in den Ausdrucksweisen, die Lukas gebraucht, um Jesus vor und nach dem Fasten zu beschreiben. Zunächst lesen wir in Lukas 4, 1: »Jesus kehrte, *mit heiligem Geist erfüllt*, vom Jordan zurück...« Am Ende, in Lukas 4, 14, lesen wir: »Und Jesus kam *in der Kraft des Geistes* wieder nach Galiläa...«

Als Jesus in die Wüste ging, war er bereits *mit heiligem*

Geist erfüllt. Aber als er nach dem Fasten wieder aus der Wüste zurückkam, kehrte er *in der Kraft des Geistes* zurück. Es scheint, daß die latente Kraft des Heiligen Geistes, die Jesus zum Zeitpunkt seiner Taufe im Jordan empfing, erst nach Vollendung seines Fastens voll in Erscheinung trat. *Das Fasten war die Schlußphase der notwendigen Vorbereitung, bevor er seinen öffentlichen geistlichen Auftrag antrat.*

Dieselben geistlichen Gesetze, die für Christi eigenen Auftrag galten, gelten auch für den Auftrag seiner Jünger. In Johannes 14, 12 sagt Jesus: »...Wer an mich glaubt, der wird die Werke, die ich tue, auch tun...« Durch diese Worte eröffnet Jesus seinen Jüngern den Weg, dem Beispiel seines eigenen Dienstes zu folgen. In Johannes 13, 16 sagt Jesus jedoch auch: »Der Knecht ist nicht größer als sein Herr und der Bote nicht größer als der, der ihn gesandt hat.« Das bezieht sich auf die Vorbereitung für den geistlichen Dienst. Wenn das Fasten ein notwendiger Bestandteil der Vorbereitung Christi selber war, muß es auch bei der Vorbereitung des Jüngers von Bedeutung sein.

Das Fasten in der Urgemeinde

Paulus war in dieser Hinsicht ein wahrer Jünger Jesu. Das Fasten spielte eine wichtige Rolle in seinem Leben. Unmittelbar nach seiner ersten Begegnung mit Jesus auf der Straße nach Damaskus verbrachte Paulus die folgenden drei Tage ohne Essen und Trinken (siehe Apostelgeschickte 9, 9). Von da an war Fasten ein regelmäßiger Bestandteil seiner geistlichen Disziplin. In 2. Korinther 6, 3-10 führt Paulus verschiedene Merkmale an, durch die er sich als ein wahrer Diener Gottes erwiesen hatte. In Vers 5 sind zwei dieser Merkmale zu finden: »in Wachen, in Fasten«. *Wachen* bedeutet, ohne Schlaf auszukommen; *Fasten* bedeutet, ohne Nahrung auszukommen. Beide Disziplinen wurden zu bestimmten Zeiten von Paulus praktiziert, um seinen Dienst noch wirksamer zu machen.

In 2. Korinther 11, 23-27 kommt Paulus wieder auf dieses Thema zurück. Im Hinblick auf andere Männer, die in seinem Dienst mit ihm wetteifern, sagt Paulus: »Sie sind Diener Christi...ich bin's weit mehr!« Er gibt dann eine lange Liste der verschiedenen Aktivitäten, durch die er sich als ein wahrer Diener Christi erwiesen hat. In Vers 27 sagt er: »...in Mühe und Arbeit, in viel Wachen, in Hunger und Durst, in viel Fasten...« Auch hier bringt Paulus *Wachen* in einen engen Zusammenhang mit *Fasten*. Die Mehrzahlform, *in viel Fasten*, zeigt an, daß Paulus häufig fastete. *Hunger und Durst* bezieht sich auf Zeiten, da ihm weder Nahrung noch Wasser zur Verfügung standen. *Fasten* bezieht sich auf die Zeiten, da Nahrung zur Verfügung stand, Paulus sich dieser jedoch aus geistlichen Gründen vorsätzlich enthielt.

Die Christen des Neuen Testamentes praktizierten Fasten nicht nur individuell - als Teil ihrer persönlichen Disziplin. Sie fasteten auch gemeinsam - als Teil ihres öffentlichen, geistlichen Dienstes für Gott. Dies wird durch Lukas' Bericht in der Apostelgeschichte bestätigt:

> »Es gab aber in Antiochia in der Gemeinde Propheten und Lehrer, nämlich Barnabas und Simon, genannt Niger, und Lucius von Kyrene, und Manahen, der mit dem Landesfürsten Herodes erzogen worden war, und Saulus. Als sie einmal Gottesdienst hielten und fasteten, sprach der Heilige Geist: Beauftragt mir Barnabas und Saulus mit dem Werk, zu dem ich sie berufen habe. Da fasteten sie und beteten, legten ihnen die Hände auf und ließen sie ziehen.« Apostelgeschichte 13, 1-3

In dieser örtlichen Gemeinde der Stadt Antiochia beteten und fasteten fünf leitende Brüder der Gemeinde, die als Propheten und Lehrer bezeichnet werden. Dies wird als *Gottesdienst* beschrieben. Der Mehrheit christlicher Leiter und Gemeinden ist dieser Aspekt des geistlichen Dienstes heutzutage kaum bekannt. Gemäß der göttlichen Ordnung kommt der Dienst *für Gott* vor dem Dienst für die Menschen. Durch diesen Gottesdienst bringt der Heilige Geist die Leitung und Kraft zum Vorschein, die für den wirksamen Dienst an den Menschen notwendig sind.

So war es auch in Antiochia. Als diese fünf Männer zusammen beteten und fasteten, offenbarte ihnen der Heilige Geist, daß er für zwei von ihnen - Barnabas und Saulus (später Paulus genannt) - eine besondere Aufgabe hatte. Er sagte: »Beauftragt mir Barnabas und Saulus mit dem Werk, zu dem ich sie berufen habe.« Auf diese Weise wurden die beiden Männer zu einer besonderen Aufgabe berufen.

Sie waren jedoch noch nicht bereit, diese Aufgabe zu übernehmen. Es war erst noch erforderlich, daß ihnen die besondere Gnade und Kraft verliehen wurde, die sie für ihre Aufgabe brauchten. Aus diesem Grund fasteten und beteten alle fünf Männer ein zweites Mal zusammen. Dann, nach der zweiten Fastenzeit, legten die anderen Brüder ihre Hände auf Barnabas und Paulus und sandten sie aus, ihre Aufgabe zu erfüllen.

Barnabas und Paulus erhielten also durch das gemeinsame Fasten und Beten der Brüder zunächst die Offenbarung einer besonderen Aufgabe und außerdem die Gnade und Kraft, die sie zur Ausführung dieser Aufgabe benötigten. Zu der Zeit, als sie alle zusammen beteten und fasteten, wurden Barnabas und Paulus - wie die anderen drei Männer - als *Propheten und Lehrer* anerkannt. Nachdem sie aber zu ihrem Werk ausgesandt worden waren, wurden sie als *Apostel* beschrieben (siehe Apg. 14, 4 und 14, 14). Man kann deshalb sagen, daß der Dienst von Barnabas und Paulus als Apostel durch gemeinsames Beten und Fasten fünf leitender Brüder der Gemeinde in Antiochia bestätigt wurde.

Dieser Brauch des gemeinschaftlichen Betens und Fastens wurde dann durch Barnabas und Paulus an die

Gemeinden weitergegeben, die als Folge ihres Dienstes in verschiedenen Städten gegründet wurden. Die eigentliche Gründung jeder Gemeinde vollzogen sie durch die Einsetzung eigener Ältester. Das wird in der Apostelgeschichte beschrieben:

> »Dann kehrten sie nach Lystra und Ikonion und Antiochia zurück, stärkten die Jünger und ermahnten sie, im Glauben zu bleiben, und sagten: Wir müssen durch viele Bedrängnisse in das Reich Gottes eingehen. Und sie setzten in jeder Gemeinde Älteste ein, beteten und fasteten und befahlen sie dem Herrn, an den sie gläubig geworden waren.«
>
> Apostelgeschichte 14, 21-23

In Apostelgeschichte 14, 22 werden diese Gruppen von Gläubigen in jeder Stadt lediglich als *Jünger* bezeichnet, im nächsten Vers jedoch als *Gemeinde*. Der Übergang von »Jünger« zu »Gemeinde« wurde durch die Einsetzung der führenden Männer jeder Ortsgemeinde vollzogen, die man als »Älteste« bezeichnete. In jeder einzelnen Einsetzung »beteten und fasteten sie«. Man kann deshalb sagen, daß die Gründung einer Ortsgemeinde in jeder Stadt von gemeinsamem Beten und Fasten begleitet war.

Zusammenfassend kann festgestellt werden, daß Kapitel 13 wie auch Kapitel 14 der Apostelgeschichte darauf hinweisen, daß gemeinsames Beten und Fasten im Hinblick auf das Wachstum und die Entwicklung der Gemeinde eine wesentliche Rolle spielten. Durch gemeinsames Beten und Fasten empfingen die ersten Christen durch den Heiligen Geist Weisung und Kraft für Entscheidungen oder Aufgaben, die von besonderer Bedeutung waren. In den Beispielen, die wir betrachtet haben, waren dies erstens die Berufung und Aussendung von Aposteln und zweitens die Einsetzung von Ältesten für die örtlichen Gemeinden.

Es gibt verschiedene Möglichkeiten, in wieweit Fasten einem Christen helfen kann, vom Heiligen Geist Weisung und Kraft zu empfangen. Fasten ist in gewissem Sinne eine Form der *Trauer*. Psychologisch gesehen heißt niemand den Gedanken des Trauerns willkommen, so wie - körperlich gesehen - niemand den Gedanken des Fastens begrüßt. Dennoch gibt es Zeiten, in denen Trauern und Fasten gleichermaßen von Nutzen sind. Trauern ist unter den Seligpreisungen zu finden. In Matthäus 5,4 sagt Jesus: »Selig sind, die Leid tragen; denn sie sollen getröstet werden.« In Jesaja verheißt der Herr den »Trauernden zu Zion« besondere Segnungen. Er verheißt ihnen »Schmuck statt Asche, Freudenöl statt Trauerkleid, Lobgesang statt eines betrübten Geistes...«.

Das Trauern zu Zion ist weder egozentrische Reue noch der hoffnungslose Schmerz der Ungläubigen. Es ist vielmehr eine Antwort auf die Eingebung des Heiligen Geistes, wodurch der Gläubige an Gottes eigenem Schmerz über die Sünde und Torheit der Menschen in geringem Maße teilnimmt. Wenn wir an unser eigenes Versagen und unsere Unzulänglichkeit als Christen denken, und wenn wir darüber hinaus an die Not und Boshaftigkeit der Welt, in der wir leben, denken, so besteht wahrhaftig Grund genug für diese Art der Trauer.

In 2. Korinther 7, 10 vergleicht Paulus die göttliche Traurigkeit der Gläubigen und die hoffnungslose Traurigkeit der Ungläubigen: »Denn die Traurigkeit nach Gottes Willen bewirkt eine Reue zum Heil, die niemands reut; die Traurigkeit der Welt aber bewirkt den Tod.« Auf diese Art göttlicher Traurigkeit folgt zu seiner Zeit *Freudenöl* und *Lobgesang*.

Im Alten Bund setzte Gott für Israel einen bestimmten Tag im Jahr fest, an dem sie »fasten« sollten. Das war der große Versöhnungstag. In 3. Mose 16, 31 unterwies Gott Israel im Hinblick auf diesen Tag: »Darum soll es euch ein hochheiliger Sabbat sein, und ihr sollt fasten. Eine ewige Ordnung sei das.« Seit der Zeit Moses wurde diese Stelle von den Juden immer als ein Gebot zu fasten ausgelegt. In Apostelgeschichte 27,9 ist mit »Fastenzeit« dieser alljährliche Versöhnungstag gemeint.

Neunzehn Jahrhunderte später wird dieser Versöhnungstag unter der hebräischen Bezeichnung *Yom Kippur* von den orthodoxen Juden in der ganzen Welt noch immer als ein Fastentag eingehalten.

In zwei seiner Psalmen spricht David in der gleichen Weise vom Fasten. In Psalm 35, 13 sagt er: »Ich...tat mir wehe mit Fasten...« Und in Psalm 69, 11 schreibt er: »Ich weine bitterlich und faste...« Wir können die verschiedenen Ausdrucksweisen, die im Zusammenhang mit Fasten gebraucht werden, zusammenfassen und sagen, daß Fasten, so wie es hier praktiziert wird, eine Form der Trauer ist und mit Schmerz und Leid eng verbunden ist.

Weiterhin kann der Gläubige durch das Fasten seinen Körper disziplinieren. In 1. Korinther 9, 27 sagt Paulus: »...sondern ich treffe meinen Leib und unterwerfe ihn, damit ich nicht den andern predige und selbst verworfen werde.« Unser Körper ist mit seinen körperlichen Organen und Lüsten ein ausgezeichneter Diener, aber ein schrecklicher Herrscher. Deshalb ist es notwendig, ihn beständig zu unterwerfen. Ein Seelsorger drückte dies einmal so aus: »Mein Magen sagt mir nicht, wann ich essen muß, sondern ich sage meinem Magen, wann gegessen wird.« Immer wenn ein Christ zu diesem Zweck fastet, läßt er seinen Körper wissen: »Du bist der Diener, nicht der Herr.«

Paulus weist in Galater 5, 17 auf den Widerstreit hin, der zwischen dem Heiligen Geist Gottes und der fleischlichen Natur des Menschen besteht: »Denn die Selbstsucht widerstrebt dem Geist Gottes und der Geist Gottes der Selbstsucht; die beiden liegen im Streit miteinander...«Das Fasten setzt sich mit den beiden großen Hindernissen für den Heiligen Geist auseinander, die durch die fleischliche Natur des Menschen bedingt sind: der hartnäckige

Eigenwille der Seele und die beharrlichen, selbstsüchtigen Lüste des Fleisches. Wenn richtig angewandt, dient Fasten dazu, die Seele wie auch den Körper dem Heiligen Geist untertan zu machen.

Es ist wichtig zu erkennen, daß Fasten den Menschen und nicht Gott verändert: Der Heilige Geist ist Gott und somit allmächtig und unveränderlich. Durch Fasten werden die Hindernisse in der fleischlichen Natur des Menschen überwunden, die der Allmacht des Heiligen Geistes im Wege stehen. Sind diese fleischlichen Hindernisse einmal beseitigt, kann der Heilige Geist ungehindert in seiner ganzen Fülle durch unsere Gebete wirken.

In Epheser 3,20 versucht Paulus, die unerschöpfliche Macht des Gebets zum Ausdruck zu bringen: »Dem aber, der überschwenglich mehr tun kann als alles, was wir bitten oder verstehen, nach der Kraft, die in uns wirkt...« Die Kraft, die in und durch unsere Gebete wirkt, ist der Heilige Geist.

Gottes Allmacht ist eigenlich nur *eine* Grenze gesetzt, und die betrifft Gottes ewige *Gerechtigkeit*. Durch Fasten werden niemals die gerechten Maßstäbe Gottes verändert. Liegt etwas außerhalb des Willens Gottes, so wird Fasten es niemals innerhalb des Willens Gottes bringen. Wenn es falsch und sündhaft ist, ist es immer noch falsch und sündhaft - ganz gleich, wie lange jemand fasten mag.

Ein Beispiel dafür lesen wir in 2. Samuel, Kapitel 12. David beging Ehebruch. Aus dieser Verbindung ging ein Kind hervor. Gott verkündete, daß ein Teil der Strafe der Tod des Kindes sein würde. David fastete sieben Tage, aber das Kind starb. Das siebentägige Fasten änderte Gottes gerechte Strafe für Davids sündhaftes Vergehen nicht. Wenn etwas falsch ist, wird es selbst durch Fasten nicht richtig. Nichts kann das bewirken.

Fasten ist weder ein Wundermittel noch ein Allheilmittel. Gott handelt nicht mit solchen Dingen. Gott hat für das gesamte Wohlergehen seines Volkes in jedem Bereich seines Lebens ausreichend Vorsorge getroffen -

geistlich, körperlich und materiell. Fasten ist ein Teil dieser vollkommenen Fürsorge. Es ist kein Ersatz für irgendeinen anderen Teil der Fürsorge Gottes. Umgekehrt ist kein anderer Teil von Gottes Fürsorge ein Ersatz für das Fasten.

In Kolosser 4, 12 lesen wir, daß Epaphras für seine Brüder und Schwestern im Herrn betete, damit sie »vollkommen dastehen und erfüllt sind mit allem, was Gottes Wille ist«. Damit wird für uns alle ein sehr hoher Maßstab gesetzt. Eines der Mittel, die uns gemäß der Schrift zur Verfügung stehen, um diesem Maßstab gerecht zu werden, ist Fasten.

Man kann die Beziehung zwischen dem Fasten und dem Willen Gottes durch ein einfaches Diagramm veranschaulichen:

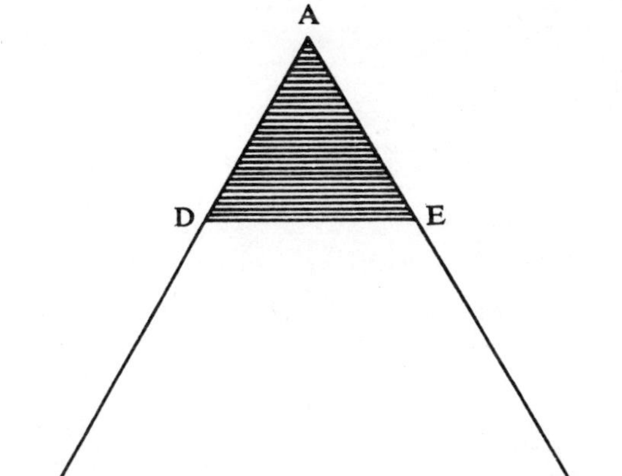

Das gesamte Dreieck A-B-C repräsentiert den vollkommenen Willen Gottes für jeden Gläubigen. Der stumpfe Kegel D-B-C-E stellt den Bereich des Willens Gottes dar, der durch Gebet ohne Fasten erreicht werden kann. Das kleinere, schraffierte Dreieck A-D-E stellt den Bereich des Willens Gottes dar, der nur durch Gebet und Fasten zusammen erreicht werden kann.

Liegt ein Ziel außerhalb der Fläche A-B-C, ist es ganz und gar außerhalb des Willens Gottes. Es gibt kein biblisches Mittel, durch das wir es erreichen könnten. Liegt ein Ziel innerhalb der Fläche D-B-C-E, können wir es durch Gebet ohne Fasten erreichen. Befindet sich ein Ziel innerhalb der Fläche A-D-E, können wir es nur durch Gebet und Fasten zusammen erreichen.

Viele der allerbesten Dinge, die Gott für sein Volk bereithält, liegen innerhalb dieses oberen, schraffierten Dreiecks A-D-E.

KAPITEL 7

Fasten bringt Befreiung und Sieg

Wenn wir die historischen Berichte des Alten Testamentes betrachten, stoßen wir auf eine Reihe von Ereignissen, in deren Verlauf gemeinschaftliches Fasten und Beten das dramatische und mächtige Eingreifen Gottes bewirkten.

Josafat siegt ohne zu kämpfen

Unser erstes Beispiel steht in 2. Chronik 20, 1-30: Josafat, König von Juda, erhielt die Nachricht, daß eine sehr große Schar von Moabitern, Ammonitern und das Volk vom Gebirge Seir vom Osten her in sein Königreich einfielen. Er erkannte, daß er keine militärischen Mittel besaß, um diesen Angriff abzuwehren; so wandte er sich an Gott und bat ihn um Hilfe. Sein erster wichtiger Schritt wird in Vers 3 beschrieben: »...er ließ in ganz Juda ein Fasten ausrufen.« Auf diese Weise wurde Gottes Volk aufgerufen, sich durch öffentliches Fasten und Beten zu vereinen und Gottes Eingreifen zu erbitten. Vers 13 zeigt an, daß Männer, Frauen und Kinder gleichermaßen einbezogen waren.

Nach diesem Aufruf zum Fasten nahmen die Ereignisse einen raschen Verlauf und erreichten einen dramatischen Höhepunkt. Das erste Ergebnis wird in Vers 4 berichtet: »Und Juda kam zusammen, den Herrn zu suchen.« Die allgemeine Gefahr bewirkte, daß das ganze Volk Gottes vereint wurde. Durch diese Notlage, durch die eine Gemeinde oder Stadt bedroht war, wurden gleichzeitig auch alle anderen bedroht. Zweifellos herrschte Neid oder Konkurrenzstreben zwischen manchen der betroffenen Städte. Angesichts des feindlichen Angriffs wurden diese jedoch beiseite geschoben. Gottes Volk war aufgefordert, sein gemeinsames Erbe zu schützen und nicht die individuellen Unterschiede zu betonen.

Als das Volk Juda auf diese Weise einstimmig versammelt war, führte Josafat sie im Gebet an und erinnerte Gott an seinen Bund mit Abraham und an seine Verheißungen der Barmherzigkeit, die sich auf diesen Bund gründeten. Josafats Gebet wurde von Gott sogleich auf übernatürliche Art und Weise beantwortet, wie es in Vers 14 bis 17 berichtet wird. Durch einen der anwesenden Leviten namens Jahasiel gab der Heilige Geist eine mächtige prophetische Botschaft, die Ermutigung, Zuversicht und Weisung enthielt.

Jahasiels prophetisches Wort wiederum wurde von Josafat und dem ganzen Volk mit spontanem Lobpreis und Anbetung empfangen. Daraufhin ließ Josafat das Volk Gott beständig Lobpreis darbringen und führte sie gleichzeitig zum Kampf an, wie es in 2. Chronik 20 berichtet wird:

> »Da beugte sich Josafat mit seinem Antlitz zur Erde, und ganz Juda und die Einwohner von Jerusalem fielen vor dem Herrn nieder und beteten den Herrn an (Vers 18).
> Und die Leviten...schickten sich an, den Herrn, den Gott Israels, zu loben mit laut schallender Stimme (Vers 19).
> Und er [Josafat] beriet sich mit dem Volk und bestellte Sänger für den Herrn, daß sie in heiligem Schmuck Loblieder sängen und vor den Kriegsleuten herzögen und sprächen: Danket dem Herrn; denn seine Barmherzigkeit währet ewiglich (Vers 21).«

Das Ergebnis wird in Vers 22-30 beschrieben. Gottes

Volk mußte keinerlei militärische Waffen anwenden. Das feindliche Heer vernichtete sich selbst vollständig, und es blieben keine Überlebenden zurück. Gottes Volk brauchte nur drei Tage lang die Beute zusammenzutragen und dann im Triumphzug nach Jerusalem zurückzukehren - unter freudigem Lobpreis und Dankliedern. Außerdem hatte der gewaltige, übernatürliche Sieg einen starken Einfluß auf alle Nachbarvölker. Von diesem Zeitpunkt an wagte kein anderes Volk mehr, gegen Josafat und sein Volk feindlich gesinnt zu sein.

Aus Josafats Sieg können wir drei praktische Lehren ziehen, die für uns Christen in der heutigen Zeit gleichermaßen zutreffen.

1. Die Kräfte, die sich heute in der Welt gegen Christen richten, sind genauso böse und furchtbar wie das Heer, das Juda zur Zeit Josafats bedrohte. Diese Kräfte, durch Haß und Widerstand miteinander verbunden, richten sich gegen alle Menschen, die den Herrn Jesus Christus aufrichtig lieben und ihm dienen. Sie befassen sich nicht mit den Unterschieden zwischen den christlichen Denominationen. Sie sind nicht dazu geneigt, die Baptisten auf Kosten der Methodisten zu verschonen noch die Katholiken auf Kosten der Pfingstler. Deshalb ist es nicht der geeignete Zeitpunkt, konfessionelle Unterschiede hervorzuheben, die uns in der Vergangenheit getrennt haben. Es ist vielmehr Zeit, daß Gottes Volk dem Beispiel Judas folgt und sich in Gebet und Fasten vereint.

2. Die Geschichte Josafats veranschaulicht die Notwendigkeit geistlicher Gaben. Durch die Gabe der Weissagung erhielt Juda in einer Zeit größter Not und Gefahr Ermutigung und Leitung. Die übernatürlichen Gaben des Heiligen Geistes werden auch heute von der Gemeinde ebenso sehr benötigt. Die Bibel gibt außerdem keinerlei Hinweis darauf, daß Gott jemals beabsichtigte, diese Gaben von der Gemeinde zurückzunehmen.

In 1. Korinther 1,7.8 dankt Paulus Gott anstelle der Gläubigen zu Korinth. Er sagt: »...da ihr keinen Mangel habt an irgendeiner Gabe, während ihr auf die Offenbarung unseres Herrn Jesus Christus wartet. Der wird euch fest erhalten bis ans Ende, daß ihr untadelig seid am Tag unseres Herrn Jesus Christus.« Es geht deutlich hervor, daß Paulus erwartet und auch wünscht, daß die geistlichen Gaben weiterhin in der Gemeinde wirksam sind - bis zur Wiederkunft Christi und bis zum Ende der Zeiten.

Im gleichen Zusammenhang zitiert Petrus in der Apostelgeschichte die Prophezeiung Joels und setzt sie in Bezug zum jetzigen Zeitalter:

> »Und es soll geschehen in den letzten Tagen, spricht Gott, da will ich ausgießen von meinem Geist auf alle Menschen; und eure Söhne und eure Töchter sollen weissagen, und eure jungen Männer sollen Gesichte sehen, und eure Alten sollen Träume haben...« Apostelgeschichte 2,17.18.

Diese Worte Joels, die Petrus zitiert, bestätigen die Worte des Paulus im 1. Korintherbrief. Es wird nicht angedeutet, daß die übernatürlichen Gaben des Heiligen Geistes von der Gemeinde zurückgezogen werden sollen, sondern vielmehr daß sie sich immer mehr offenbaren werden, je näher wir dem Ende der Zeiten kommen.

3. Die Geschichte von Josafat lehrt uns, daß die geistliche Macht der fleischlichen Macht überlegen ist. In 2. Korinther 10,4 schreibt Paulus: »Denn die Waffen, mit denen wir kämpfen, sind nicht schwach wie Menschenwaffen, sondern mächtig durch die Kraft Gottes...« Es gibt zwei Arten von Waffen: geistliche und fleischliche. Die Feinde Josafats verließen sich allein auf fleischliche Waffen; Josafat und sein Volk verwendeten nur geistliche Waffen. Der Ausgang des Konflikts zeigt die absolute Überlegenheit des Geistlichen über das Fleischliche.

Die geistlichen Waffen, die Josafat so wirksam anwendete, können folgendermaßen zusammengefaßt werden:

erstens gemeinsames Fasten;
zweitens vereintes Gebet;
drittens die übernatürlichen Gaben des Heiligen Geistes;
viertens offener Lobpreis und Anbetung.

Wenn diese Waffen von den Christen in unserer Zeit gemäß der Schrift angewendet werden, so werden sie ebenso mächtige und eindrucksvolle Siege erringen wie zur Zeit Josafats.

Esra erhält von Gott sicheres Geleit

Unser zweites Beispiel für vereintes Beten und Fasten finden wir in Esra:

> »Und ich, Esra, ließ dort am Fluß bei Ahawa ein Fasten ausrufen, damit wir uns vor unserm Gott demütigten, um von ihm eine Reise ohne Gefahren zu erbitten für uns und unsere Kinder und alle unsere Habe.
> Denn ich schämte mich, vom König Geleit und Reiter zu fordern, um uns auf dem Wege vor Feinden zu helfen. Denn wir hatten dem König gesagt: Die Hand unseres Gottes ist zum Besten über allen, die ihn suchen...
> So fasteten wir und erbaten solches von unserm Gott; und er erhörte uns.« Esra 8,21-23

Esra tat etwas, was wir alle manchmal tun. Er gab dem König ein Zeugnis von Gott und war dadurch gezwungen, seinem eigenen Zeugnis gemäß zu leben. Er hatte zum König gesagt: »Wir sind die Knechte des lebendigen Gottes. Unser Gott beschützt uns und stillt alle unsere Bedürfnisse.« Kurze Zeit später ergab sich für Esra die Gelegenheit, eine Gruppe von Heimkehrern nach Jerusalem zurückzuführen. Die Reise führte durch Gegenden, die von wilden Stämmen und Räubern besetzt waren. Neben ihren Frauen und Kindern führten sie die heiligen Tempelgeräte mit sich, die von unschätzbarem Wert waren kostbare Beute für Räuber darstellten.

Es ergab sich die Frage, wie sie nun auf ihrer Reise von Babel nach Jerusalem beschützt werden würden. Sollte Esra zum König gehen und ihn um das Geleit von Soldaten und Reitern bitten? Zweifellos hätte der König seine Bitte erfüllt. Aber Esra schämte sich, diese Bitte auszusprechen, denn er hatte dem König bereits bezeugt, daß ihr Gott der wahre und lebendige Gott sei und alle, die ihm dienen, beschütze.

Esra und seine Reisegefährten trafen daraufhin eine wichtige Entscheidung: Sie würden sich für ihren Schutz nicht auf Soldaten und Reiter verlassen, sondern auf die übernatürliche Kraft Gottes. Es wäre für sie nicht unbedingt falsch gewesen, vom König Geleit zu fordern, aber das hätte bedeutet, sich auf fleischliche Kraft zu verlassen. Stattdessen verpflichteten sie sich durch gemeinsames Beten und Fasten, Schutz und Hilfe allein im geistlichen Bereich der Macht Gottes zu suchen.

Esra handelte ähnlich wie Josafat. Als Führer des Volkes Gottes ließ er »ein Fasten ausrufen«. Der Grund, den er dafür angab, war: »damit wir uns vor unserem Gott demütigten, um von ihm eine Reise ohne Gefahren zu erbitten für uns und unsere Kinder und alle unsere Habe«. Im vorangehenden Kapitel sahen wir (anhand der Psalmen Davids wie auch der Gebote zum Versöhnungstag), daß Fasten von den Juden anerkannt und von Gott bestätigt wurde als ein Mittel für Gottes Volk, sich vor ihm zu demütigen und ihre völlige Abhängigkeit von ihm zu bezeugen. Abschließend erklärt Esra: »So fasteten wir und erbaten solches von unserm Gott; und er erhörte uns.«

Das Ergebnis des gemeinsamen Betens und Fastens war für Esra und seine Gefährten ebenso ausschlaggebend, wie es für Josafat und das Volk Juda gewesen war. Die Heimkehrer vollendeten ihre lange und gefährliche Reise in vollkommener Ruhe und Sicherheit. Sie stießen auf keinerlei Widerstand von Räubern oder wilden Stämmen und erlitten keinen Verlust an Menschen oder Besitztum.

Der Sieg auf geistlicher Ebene ist vorrangig. Er wird mittels geistlicher Waffen errungen. Das Ergebnis wird dann in jeder Hinsicht auf natürlicher und materieller Ebene sichtbar werden.

Ester verwandelt Unheil in Sieg

Unser drittes Beispiel für vereintes Beten und Fasten finden wir im vierten Kapitel des Buches Ester. Hier wird die größte Krise beschrieben, die das jüdische Volk in seiner gesamten Geschichte bis zur heutigen Zeit jemals überstehen mußte - eine Krise, noch größer als die unter Adolf Hitler. Hitler hatte nur ein Drittel aller Juden in seiner Gewalt; der persische Kaiser aber das gesamte jüdische Volk. Es wurde ein Erlaß herausgegeben, daß an einem bestimmten Tag alle Juden vernichtet werden sollten. Der Mann, der Satans Gehilfe im Kampf gegen die Juden war, hieß Haman.

Diese Geschichte ist für den Ursprung des *Purim*-Festes verantwortlich. Purim bedeutet »Los«. Das Fest wurde so genannt, weil Haman das Los warf, um den Tag zu bestimmen, an dem die Juden vernichtet werden sollten. Losen war eine Form des Wahrsagens. Haman suchte bei okkulten Mächten Hilfe. Er vertraute unsichtbaren, geistigen Mächten, daß sie ihn bei der Vernichtung der Juden leiten würden. Dadurch war der gesamte Konflikt auf die geistliche Ebene verlegt: Es kämpfte nicht nur Fleisch gegen Fleisch, sondern Geist gegen Geist. Satan forderte durch Haman tatsächlich die Macht Gottes heraus. Wäre es ihm gelungen, die Juden zu vernichten, so hätte er ewige Schande auf den Namen Gottes gebracht.

Als jedoch der Erlaß für die Vernichtung der Juden erging, nahmen Ester und ihre Dienerinnen diese Herausforderung an. Sie verstanden, daß der Konflikt auf geistlicher Ebene stattfand, und sie wirkten ihm auf der gleichen Ebene entgegen. Sie kamen überein, drei Tage und Nächte zu fasten. Sie vereinbarten mit Mardochai, daß er alle Juden in Susa, der Hauptstadt, versammelte, um sich gleichzeitig mit ihnen im Fasten zu vereinen. (Auch hier »versammelte« sich Gottes Volk in einer Zeit der Gefahr, so wie zur Zeit Josafats.) Und so fasteten und beteten alle Juden in Susa zusammen mit Ester und ihren Dienerinnen während 72 Stunden - ohne zu essen oder zu trinken.

Das Ergebnis des vereinten Betens und Fastens wird in den folgenden Kapiteln des Buches Ester beschrieben. Zusammenfassend können wir sagen, daß sich die Politik des persischen Reiches völlig änderte, und zwar zugunsten der Juden. Haman und seine Söhne starben. Die Feinde der Juden im gesamten persischen Reich erlitten eine völlige Niederlage. Mardochai und Ester wurden die einflußreichsten Persönlichkeiten im politischen Leben des persischen Volkes. Die Juden erfuhren auf jedem Gebiet ein besonderes Maß an Gunst, Frieden und Wohlergehen. *All dies kann auf eine einzige Ursache zurückgeführt werden: das vereinte Beten und Fasten des Volkes Gottes.*

Ninive wird verschont und Samarien zerstört

Unsere ersten drei Beispiele für vereintes Beten und Fasten kommen aus der Geschichte Israels. Unser viertes und letztes Beispiel steht im Zusammenhang mit einem heidnischen Volk. Das Buch Jona berichtet von Gottes Wirken an der Stadt Ninive, der Hauptstadt Assyriens, das zu jener Zeit das mächtigste Reich des Altertums war. In der Bibel wird Ninive als eine grausame, gewalttätige und gottlose Stadt beschrieben - reif für Gottes Strafgericht. Jona wurde von Gott berufen, nach Ninive zu gehen und es zu warnen.

Zuerst weigerte sich Jona. Er war ein Bürger des nördlichen Reiches Israels.Er wußte,daß das assyrische Reich zu jener Zeit ein großer Feind seines eigenen Volkes war. Ein Strafgericht über Ninive würde die Bedrohung, die

Assyrien für Israel darstellte, vermindern. Umgekehrt würde eine Begnadigung Ninives die Gefahr für Israel vergrößern. Aus diesem Grund war Jona abgeneigt, Ninive eine Botschaft zu bringen, die Gottes bevorstehendes Gericht über diese Stadt abwenden könnte.

Als Gott ihn jedoch zum zweiten Mal aufforderte und ihn schwer züchtigte, zog Jona nach Ninive. Seine Botschaft war äußerst einfach: »Es sind noch vierzig Tage, so wird Ninive untergehen« (Jona 3,4). Die Leute von Ninive reagierten sofort und auf radikale Weise. Ihre Reaktion wird in den nächsten fünf Versen beschrieben:

> »Da glaubten die Leute von Ninive an Gott und ließen ein Fasten ausrufen und zogen alle, groß und klein, den Sack zur Buße an. Und als das vor den König von Ninive kam, stand er auf von seinem Thron und legte seinen Purpur ab und hüllte sich in den Sack und setzte sich in die Asche und ließ ausrufen und sagen in Ninive als Befehl des Königs und seiner Gewaltigen: Es sollen weder Mensch noch Vieh, weder Rinder noch Schafe Nahrung zu sich nehmen, und man soll sie nicht weiden noch Wasser trinken lassen; und sie sollen sich in den Sack hüllen, Menschen und Vieh, und zu Gott rufen mit Macht. Und ein jeder bekehre sich von seinem bösen Wege und vom Frevel seiner Hände! Wer weiß? Vielleicht läßt Gott es sich gereuen und wendet sich ab von seinem grimmigen Zorn, daß wir nicht verderben.« Jona 3,5-9

In der Geschichte des Alten Testamentes finden wir kein anderes Beispiel solch tiefer und umfassender Buße seitens einer ganzen Lebensgemeinschaft. Das gesamte öffentliche Leben kam zum Stillstand. Der König und seine Gewaltigen ließen ein Fasten ausrufen und gingen selbst mit gutem Beispiel voran. Nicht nur die Menschen von Ninive folgten ihrem Beispiel, sondern selbst die Rinder und Schafe. Die ganze Stadt bat Gott um Erbarmen. Man könnte mit Worten kein anschaulicheres Bild malen. Fasten - allumfassend und öffentlich - war ein äußerst treffender und vollkommener Ausdruck tiefer, innerer Trauer und Selbsterniedrigung.

Gottes Antwort auf Ninives Fasten wird im letzten Vers dieses Kapitels beschrieben: »Als aber Gott ihr Tun sah, wie sie sich bekehrten von ihrem bösen Wege, reute ihn das Übel, das er ihnen angekündigt hatte, und tat's nicht.« Den geschichtlichen Berichten zufolge wurde Ninive auf diese Weise im letzten Augenblick verschont und war während der folgenden 150 Jahre eine mehr oder weniger sichere und wohlhabende Stadt. Im Jahr 612 v. Chr. wurde Ninive schließlich zerstört, wie es die nachfolgenden Propheten Nahum und Zephanja voraussagten.

Prinzipien, die für die heutige Zeit gelten

Gottes Handeln an Ninive durch den Propheten Jona veranschaulicht ein Prinzip, das im Buch Jeremia noch deutlicher zum Ausdruck kommt. In Jeremia spricht der Herr:

> »Bald rede ich über ein Volk und Königreich, daß ich es ausreißen, einreißen und zerstören will; wenn es sich aber bekehrt von seiner Bosheit, gegen die ich rede, so reut mich auch das Unheil, das ich ihm gedachte zu tun. Und bald rede ich über ein Volk und Königreich, daß ich es bauen und pflanzen will; wenn es aber tut, was mir mißfällt, daß es meiner Stimme nicht gehorcht, so reut mich auch das Gute, das ich ihm verheißen hatte zu tun.« Jeremia 18,7-10

Gottes Verheißungen, ein Volk zu segnen, und seine Warnungen vor einem Strafgericht sind gleichermaßen nur bedingt gültig. Das göttliche Gericht kann selbst im letzten Augenblick - durch Buße - abgewendet werden. Und umgekehrt kann Gottes Segen durch Ungehorsam verlorengehen.

Vergleicht man das Schicksal Assyriens mit dem des nördlichen Reiches Israels, so werden durch Gottes Handeln an den Völkern Prinzipien sichtbar, die auch heute noch gültig sind.

Im achten Jahrhundert vor Christus erhielt die heidnische Stadt Ninive von Jona eine Warnung vor Gottes Strafgericht. Die gesamte Bevölkerung reagierte mit allumfassender Buße. Während der gleichen Zeit hörte das nördliche Königreich Israels wiederholt die Warnungen Gottes nicht nur von Jona, sondern auch von mindestens vier anderen Propheten - Amos, Hosea, Jesaja und Micha. Sie wiesen diese Propheten jedoch zurück und weigerten sich, Buße zu tun.

Was war das Ergebnis? Das assyrische Reich, dessen Hauptstadt Ninive war, wurde das Werkzeug für Gottes Gericht über Israel. Im Jahr 721 v.Chr. eroberten und zerstörten die Könige von Assyrien Samarien, die Hauptstadt Israels, und führten das gesamte nördliche Reich in Gefangenschaft.

Das tragische Schicksal des nördlichen Königreiches scheint beinahe das Sprichwort zu bestätigen, daß allzu große Vertraulichkeit Verachtung erzeugt. Israel, mit seiner langen Geschichte besonderer Offenbarungen Gottes, hörte viele Propheten und lehnte sie ab. Ninive, ohne jegliche vorherige Offenbarung Gottes, hörte einen einzigen Propheten und nahm seine Botschaft an. Die Geschichte enthält hier eine besondere Lehre und Warnung für all diejenigen von uns, die in Ländern mit einer langen Geschichte der einflußreichen Lehre des Christentums leben. *Wir müssen uns davor hüten, daß unsere Vertrautheit mit der Botschaft Gottes uns daran hindert, deren Dringlichkeit zu erkennen.*

Gott spricht in der heutigen Zeit erneut durch seine Botschafter und durch seinen Geist zu Städten und Völkern. Er ruft die Menschen zur Buße, zum Fasten und zur Selbsterniedrigung auf. Diejenigen, die gehorchen, werden (wie Ninive) seine Gnade und sein Erbarmen erfahren. Diejenigen aber, die ihn zurückweisen, werden (wie Israel) seinen Zorn erfahren.

KAPITEL 8

Durch Fasten wird der Spätregen herbeigeführt

In der ganzen Bibel besteht ein feiner Unterschied zwischen der Erfüllung des vorherbestimmten Planes Gottes und der Ausübung des freien menschlichen Willens. Einerseits wird der ewige Rat Gottes, der in den Prophezeiungen und Verheißungen seines Wortes offenbart ist, mit sicherheit zur Vollendung gelangen. Andererseits verlangt Gott bei bestimmten Gelegenheiten die Ausübung des menschlichen Glaubens und Willens als unumgängliche Bedingung für die Erfüllung seines Planes. Das Verständnis dieses Unterschiedes und dessen Anwendung im Gebet ist das wesentliche Kennzeichen wahrer Fürbitte.

Daniels Fürbitte als Musterbeispiel

Ein anschauliches Beispiel für diese Tatsache ist in Daniels Dienst der Fürbitte zu erkennen. Er schreibt:

> »...in diesem ersten Jahr seiner Herrschaft achtete ich, Daniel, in den Büchern auf die Zahl der Jahre, von denen der Herr geredet hatte zum Propheten Jeremia, daß nämlich Jerusalem siebzig Jahre wüst liegen sollte. Und ich kehrte mich zu Gott, dem Herrn, um zu beten und zu flehen unter Fasten und in Sack und Asche.« Daniel 9,2.3

Daniel war nicht nur ein Prophet, er studierte auch die Prophezeiungen. Im Verlauf seines Studiums der Prophezeiung

Jeremias entdeckte er die Verheißung, auf die er hier Bezug nimmt: »Denn so spricht der Herr: Wenn für Babel siebzig Jahre voll sind, so will ich euch heimsuchen und will mein gnädiges Wort an euch erfüllen, daß ich euch wieder an diesen Ort [d.h. in das Land Israel] bringe« (Jeremia 29,10). Daniel wußte, daß die festgesetzte Zeitspanne von siebzig Jahren beinahe abgelaufen war. Er erkannte deshalb, daß die verheißene Stunde der Befreiung und Wiederherstellung kurz bevorstand.

In Kapitel 4 erwähnten wir Daniels Gebet in Daniel 6,11. Diese Stelle zeigt deutlich, daß Daniel bereits regelmäßig Fürbitte tat für die Erneuerung Israels im eigenen Land, und zwar dreimal am Tag. Die Offenbarung von Jeremias Prophezeiung zeigte ihm nun, daß für Gott die Zeit gekommen war, seine Gebete zu erhören. Daniels Reaktion auf diese Offenbarung lehrt uns einen wichtigen Aspekt in bezug auf den Dienst der Fürbitte. Ein fleischlich gesinnter Mensch hätte die Verheißung in Jeremia als eine Entbindung von weiteren Verpflichtungen zum Gebet auslegen können. Wenn Gott verheißen hatte, Israel zu jener Zeit wiederherzustellen, bestand dann noch länger die Notwendigkeit zu beten?

Daniels Reaktion war genau umgekehrt. Er verstand Gottes Verheißung nicht als eine Entbindung seiner Pflicht, Fürbitte zu tun, sondern vielmehr als eine Herausforderung, Gott intensiver und inniger als je zuvor im Gebet zu suchen. Diese erneuerte Entschlossenheit kommt in seinen eigenen Worten zum Ausdruck: »Ich kehrte mich zu Gott, dem Herrn...« (Daniel 9,3). Im Gebetsleben eines jeden von uns kommt eine Zeit, da wir uns zu Gott *kehren* müssen. Von diesem Augenblick an können uns weder Entmutigung, Ablenkung oder Widerstand zurückhalten, bis wir die völlige Gewißheit einer Antwort Gottes erhalten haben.

Als Daniel Gott mit großer Innigkeit suchte, verstand er, daß sein Gebet durch Fasten verstärkt werden mußte. Er sagte: »Und ich kehrte mich zu Gott, dem Herrn, um zu beten und zu flehen, unter Fasten und in Sack und Asche.« Sack und Asche waren die allgemein üblichen äußeren Zeichen der Trauer. Wir sehen hier wiederum, wie eng *Fasten* mit *Trauer* verbunden ist.

Wenn wir das Gebet Daniels, so wie es in den nachfolgenden Versen beschrieben wird, näher betrachten, erkennen wir, daß Fasten und Trauer wiederum mit Selbsterniedrigung zu tun haben. Nach menschlichen Maßstäben war Daniel einer der gerechtesten und gottesfürchtigsten Männer in der Bibel - und doch stellt er sich selbst an keiner Stelle in der Schrift als gerechter dar als jene Menschen, für die er Fürbitte tat. Er identifizierte sich beständig mit seinem eigenen Volk in all seiner Widerspenstigkeit und Rückfälligkeit. Seine Klage lautet: »Wir haben gesündigt, Unrecht getan; ...Du, Herr, bist gerecht, wir aber müssen uns alle heute schämen...« (Vers 5,7). Immer heißt es *wir* und *uns*, niemals *sie* und *ich*. Bis zum Schluß seines Gebetes sieht Daniel sich als einer derjenigen an, die zu Recht dem Gericht Gottes über sein Volk unterworfen waren.

Daniels Gebet wird in dieser Weise durch seine eigene persönliche Anteilnahme wirksam. Dies kommt durch drei Dinge zum Ausdruck, die in enger Beziehung stehen: *durch Fasten, durch Trauer und durch Selbsterniedrigung.*

In 2. Chronik nennt Gott die Bedingungen, die sein Volk erfüllen muß, damit ihr Land geheilt wird:

> »Wenn...mein Volk, über das mein Name genannt ist, sich demütigt, daß sie beten und mein Angesicht suchen und sich von ihren bösen Wegen bekehren, so will ich vom Himmel her hören und ihre Sünde vergeben und ihr Land heilen.« 2. Chronik 7,14

Gott stellt eine vierfache Anforderung an sein Volk: daß sie *sich demütigen, beten, sein Angesicht suchen und sich von ihren bösen Wegen bekehren.* Unter diesen Voraussetzungen verspricht Gott, das Gebet seines Volkes zu erhören und ihr Land zu heilen.

Daniels Beispiel zeigt uns, was mit jeder dieser Bedingungen gemeint ist. Daniel demütigte sich, er betete, er suchte Gottes Angesicht und, indem er sich mit den Sünden seines Volkes identifizierte, wandte er sich von diesen Sünden ab und tat Buße. Und zum andern beweist das Ergebnis die Treue Gottes, da er seine Verheißungen erfüllt, wenn seine Bedingungen eingehalten werden. Denn Daniels Fürbitte bewirkte, daß Israel wiederhergestellt und ihr Land geheilt wurde.

Von allen großen Männern der Bibel gibt Daniel vielleicht das beste Beispiel für diesen geistlichen Dienst, der das Thema dieses Buches ist: *die Beeinflussung der Geschichte durch Beten und Fasten.* Da Daniel als junger Mann nach Babel kam, wurde das Herz des Königs Nebukadnezar durch sein Gebet (verbunden mit der Gabe der Traumdeutung) verwandelt und dadurch die Gunst und das Ansehen der Juden in Babel gefördert. Später, gegen Ende seines Lebens, als das babylonische Reich durch das Reich der Perser und Meder abgelöst worden war, bewirkte Daniels Fasten und Beten, daß der Weg für die Wiederherstellung Israels in ihrem eigenen Land geebnet wurde. Während der Zeit von siebzig Jahren können die entscheidenden Ereignisse, die das Schicksal des Volkes Gottes bestimmten, auf die Gebete Daniels zurückgeführt werden.

Daniels Fürbitte lehrt uns einen besonders wichtigen Aspekt in bezug auf unser Thema. Die Prophezeiungen und Verheißungen des Wortes Gottes sind niemals ein Grund dafür, mit Beten aufzuhören. Sie sollen uns im Gegenteil dazu anregen, mit größerer Ernsthaftigkeit und Verständnis zu beten. Gott offenbart uns die Absichten, die er verfolgt - nicht damit wir passive Zuschauer am Rande der Geschichte sind, sondern uns persönlich mit seinen Plänen identifizieren können und auf diese Weise an ihrer Erfüllung aktiv arbeiten. *Offenbarung verpflichtet zu Anteilnahme.*

Dieser Grundsatz bezieht sich besonders auf die Ausgießung des Heiligen Geistes in den letzten Tagen, dessen Einfluß in allen Bereichen des Christentums und in allen Teilen der Welt immer deutlicher sichtbar wird. Der große Prophet dieser Ausgießung des Heiligen Geistes ist Joel. In seiner Prophetie offenbart Gott seinen Plan, den Heiligen Geist über die gesamte Menschheit auszugießen:

> »Und nach diesem will ich meinen Geist ausgießen über alles Fleisch, und eure Söhne und Töchter sollen weissagen, eure Alten sollen Träume haben, und eure Jünglinge sollen Gesichte sehen.« Joel 3,1

Als am Pfingsttag der Heilige Geist ausgegossen wurde, zitierte Petrus diesen Vers Joels:

> »...Sondern hier geschieht, was durch den Propheten Joel gesagt worden ist (Joel 3,1-5): 'Und es soll geschehen in den letzten Tagen, spricht Gott, da will ich ausgießen von meinem Geist auf alle Menschen; und eure Söhne und eure Töchter sollen weissagen, und eure jungen Männer sollen Gesichte sehen, und eure Alten sollen Träume haben'.«
> Apostelgeschichte 2,16.17

Zwischen der Schriftstelle in Joel und der in der Apostelgeschichte besteht ein wichtiger Unterschied. Joel sagt: »Und *nach diesem* will ich...«, während Petrus sagt: »Und es soll geschehen *in den letzten Tagen...*«. Petrus bezieht diese Worte auf die Ereignisse, die zu seiner Zeit stattfanden. Wir können deshalb folgern, daß der Pfingsttag den Beginn des Zeitabschnitts kennzeichnet, der in der Schrift als »die letzten Tage« bezeichnet wird. Dieser Zeitabschnitt der *letzten Tage* dauert noch an und wird fortbestehen, bis das gegenwärtige Zeitalter abgeschlossen ist. Die Worte des Petrus geben somit den biblischen Anfangszeitpunkt der *letzten Tage* an.

In diesem Zusammenhang ist es von Bedeutung, daß die Ausgießung des Heiligen Geistes, wie sie von Joel vorausgesagt wurde, in zwei Hauptphasen geschehen sollte: »der Frühregen« und »der Spätregen«. Dies wird in Joel 2,23 dargelegt: »...Gott, der euch gnädigen Regen gibt und euch herabsendet Frühregen und Spätregen wie zuvor...« Der Regen ist als Bild gebraucht, dem die Ausgießung des Heiligen Geistes als Gegenbild entspricht. Den tatsächlichen klimatischen Verhältnissen in Israel zufolge fällt der Frühregen zu Anfang des Winters (etwa im November) und der Spätregen gegen Ende des Winters (ungefähr im März oder April). Somit fällt der Spätregen ungefähr mit dem Passafest zusammen, das nach dem jüdischen Kalender in der Mitte des »ersten Monats« ist (siehe 2. Mose 12,2).

Durch Übertragung dieses Bildes auf das Gegenbild ergibt sich die logische Folgerung: der Frühregen des Heiligen Geistes kennzeichnet den Beginn der letzten Tage, während der Spätregen des Heiligen Geistes das Ende der letzten Tage anzeigt. Gott beginnt und beschließt sein Wirken an der Gemeinde auf Erden durch eine weitverbreitete Ausgießung seines Heiligen Geistes. Der erste Regen des Heiligen Geistes fiel auf die Urgemeinde. Der Spätregen des Heiligen Geistes fällt jetzt auf die weltweite Gemeinde unserer Zeit. Das ist die Bedeutung der Worte Petrus', wenn er von den »letzten Tagen« spricht.

Sehen wir uns nun nochmals die ursprüngliche Version der Prophezeiung an, wie sie in Joel 3,1 wiedergegeben ist: »Und nach diesem will ich meinen Geist ausgießen über alles Fleisch...« An der Stelle, wo Petrus sagt *in den letzten Tagen*, sagt Joel *nach diesem*. Um die gesamte Botschaft Joels verstehen zu können, müssen wir das Wort *nach* richtig interpretieren. Was meint Joel mit »nach«? Nach was? Offensichtlich bezieht er sich auf etwas, das er in seiner Prophezeiung bereits erwähnt hat.

Betrachten wir den Anfang der Prophezeiung Joels, so wird uns ein Bild anhaltender und völliger Verwüstung geboten. Jeder Teil des Volkes Gottes ist davon betroffen. Alles ist vernichtet; nichts ist fruchtbar. Es besteht keine Hoffnung; es ist keine menschliche Lösung in Sicht. Was befiehlt Gott seinem Volk zu tun? Das Heilmittel, das Gott ihm verschreibt, ist *vereintes Fasten.*

»Sagt ein heiliges Fasten an, ruft die Gemeinde zusammen! Versammelt die Ältesten und alle Bewohner des Landes zum Hause des Herrn, eures Gottes, und schreit zum Herrn.« Joel 1,14

Gottes Aufruf zum Fasten sollte absoluten Vorrang erhalten. Alle anderen Aktivitäten religiöser oder weltlicher Art müssen zweitrangig sein. Die *Ältesten* werden besonders erwähnt. Die Führer des Volkes haben in dieser Hinsicht eine besondere Verantwortung. Aber auch *alle* anderen *Bewohner des Landes* sind miteinbezogen. Es gibt keine Ausnahme. Gottes Volk ist aufgerufen, sich angesichts ihrer Not zu versammeln. Sie sollen sich im Fasten *vereinen*, so wie sie es zur Zeit Josafats, Esras und Esters getan haben.

In Joel 2,12 wird der Aufruf wiederholt: »Doch auch jetzt noch, spricht der Herr, bekehret euch zu mir von ganzem Herzen mit Fasten, mit Weinen, mit Klagen!« In einer Krise dieses Ausmaßes ist das Gebet allein nicht genug. Beten muß von Fasten, Weinen und Klagen oder Trauern begleitet werden. (Wir sehen auch hier wieder den engen Zusammenhang zwischen *Fasten* und *Klagen* oder *Trauern.*)

In Joel 2,15 ergeht zum dritten Mal der Aufruf zum Fasten: »Blast die Posaune zu Zion, sagt ein heiliges Fasten an, ruft die Gemeinde zusammen!« *Zion* ist die Versammlung des Volkes Gottes. »Das Blasen der Trompete« ist die stärkste Form öffentlicher Kundgebung. Ein Fasten, das auf diese Weise verkündet wird, ist weder geheim noch verborgen. Die Bibel bringt deutlich zum

Ausdruck, daß es Zeiten gibt, da Fasten für das gesamte Volk Gottes öffentlich angekündigt werden soll.

In diesem Abschnitt heißt es dann weiter:

> »Versammelt das Volk, heiliget die Gemeinde, sammelt die Ältesten, bringt zusammen die Kinder und die Säuglinge!...Laßt die Priester, des Herrn Diener, weinen zwischen Vorhalle und Altar...«
> (Vers 16 und 17)

Wiederum wird die Führerschaft des Volkes besonders erwähnt, obwohl das ganze Volk beteiligt ist: *die Priester, die Diener und die Ältesten.* In Kapitel 6 dieses Buches wurde gezeigt, daß die Verantwortung der Führerschaft, im Fasten mit gutem Beispiel voranzugehen, in die neutestamentliche Gemeinde übertragen worden ist.

Zusammenfassung:

In diesen Versen des Propheten Joel ruft Gott sein Volk dreimal zum Fasten auf. Es folgt die Verheißung: »Und nach diesem will ich meinen Geist ausgießen...« Nach was? Nachdem Gottes Volk seinem Aufruf zu fasten und zu beten gefolgt ist. In der heutigen Zeit wird Gottes Geist in einem gewissen Maß ausgegossen. Es gibt deutliche Anzeichen dafür, daß die Zeit für Gottes »Spätregen« gekommen ist. Aber bis jetzt sehen wir nur einen kleinen Bruchteil der gesamten Ausgießung, die in der Bibel eindeutig vorhergesagt wird. Gott wartet darauf, daß wir seine Bedingungen erfüllen. *Nur vereintes Beten und Fasten kann bewirken, daß der Spätregen in seiner ganzen Fülle herniederkommt.*

In dieser Hinsicht nehmen wir eine ähnliche Stellung wie Daniel zu Beginn der Herrschaft des Darius ein. Er sah Gottes Eingreifen auf politischer Ebene. Er erkannte anhand der Schrift, daß Gottes Zeitpunkt für die Erneuerung seines Volkes gekommen war. Diese doppelte Bestätigung veranlaßte ihn, sich dem Gebet und Fasten hinzugeben. Nur auf diese Weise konnte die Erfüllung der Verheißungen Gottes bewirkt werden.

Gottes hauptsächliches Ziel zur Zeit Daniels war die Erneuerung. Er wollte seinem Volk das Erbe zurückgeben, das sie durch ihren Ungehorsam verloren hatten. Dies trifft auch für die heutige Zeit zu. Die Ausgießung des Heiligen Geistes ist der von Gott gewählte Weg der Erneuerung. Gott selbst verkündet in Joel 2,25: »Und *ich will* euch die Jahre *erstatten*, deren Ertrag die Heuschrecken...gefressen haben.«

Vor vier Jahrhunderten fand in der Kirche die *Reformation* statt. Heute ist Gottes Plan nicht mehr Reformation, sondern *Erneuerung*. Gott ist am wirken, um das Erbe seines Volkes in jeder Hinsicht wieder in seinen ursprünglichen Zustand zu bringen. Der »Frühregen« ließ eine Gemeinde entstehen, die den göttlichen Ansprüchen der Reinheit, Gewalt und Ordnung genügte. Der »Spätregen« wird die Gemeinde in den gleichen Zustand versetzen. Dann - und nur dann - wird die Gemeinde fähig sein, ihre Aufgabe in der Welt zu erfüllen. Auf dieses Ziel ist Gottes Wirken ausgerichtet.

Jesajas großes Kapitel über das Fasten

Das 58. Kapitel des Propheten Jesaja ist besonders geeignet, unsere Betrachtungen über das Fasten im Alten Testament abzuschließen. Es ist das bedeutendste Kapitel über das Fasten im Alten Testament. Jesaja beschreibt hier zwei verschiedene Arten des Fastens. In Vers 3-5 spricht er von dem Fasten, das Gott nicht gefällt. Und in Vers 6-12 erwähnt er das Fasten, welches Gott wohlgefällig ist.

Die erste Art des Fastens ist vor allem aufgrund der Motive und der Haltung der Ausführenden nicht akzeptabel:

> »...Siehe, an dem Tag, da ihr fastet, geht ihr doch euren Geschäften nach und bedrückt alle eure Arbeiter.

Siehe, wenn ihr fastet, hadert und zankt ihr und schlagt mit gottloser Faust drein...
Soll das ein Fasten sein, an dem ich Gefallen habe, ein Tag..., wenn ein Mensch seinen Kopf hängen läßt wie Schilf...?« Jesaja 58,3-5

Für die Menschen, die hier beschrieben sind, war das Fasten nicht mehr als ein Teil eines religiösen Rituals. Es war die Art des Fastens, die von den Pharisäern zur Zeit Jesu praktiziert wurde. Wirkliche Buße oder Selbsterniedrigung waren nicht vorhanden. Sie gingen vielmehr wie gewohnt ihren weltlichen Geschäften nach und hielten an ihrer Habsucht, ihrem Egoismus, an Stolz und Unterdrückung fest. »Den Kopf hängenlassen wie Schilf« ist eine anschauliche Beschreibung gewisser Gebetsformen, die von den orthodoxen Juden heute noch praktiziert werden. Sie schwingen dabei mit dem Kopf hin und her und murmeln vorformulierte Gebete vor sich hin, deren Bedeutung sie kaum verstehen.

Die Art des Fastens, die Gott wohlgefällig ist, geht von völlig andersartigen Motiven und Haltungen aus: In Vers 6 beschreibt Jesaja die Motive, die dieser Art des Fastens zugrundeliegen: »Laß los, die du mit Unrecht gebunden hast, laß ledig, auf die du das Joch gelegt hast! Gib frei, die du bedrückst, reiß jedes Joch weg!« Die Bibel und die Erfahrung bestätigen, daß es viele Bindungen gibt, die nicht gelöst werden können; viele Lasten, die nicht weggenommen werden können; mancherlei Joch, das nicht gebrochen werden kann; viele Menschen, die bedrückt sind und niemals frei werden - es sei denn, Gottes Volk und besonders seine Führer leisten Gottes Aufruf zu fasten und zu beten Folge.

In Vers 7 beschreibt Jesaja die rechte Einstellung gegenüber anderen Menschen - besonders gegenüber den Bedürftigen und Unterdrückten -, die ein Teil des Fastens ist, das Gott wohlgefällt. »Brich dem Hungrigen dein Brot, und die im Elend ohne Obdach sind, führe ins Haus! Wenn du einen nackt siehst, so kleide ihn, und entzieh dich nicht deinem Fleisch und Blut!« Dieses Fasten muß mit aufrichtiger und praktischer Liebe zu unseren Nächsten verbunden sein - besonders gegenüber den Menschen, die finanziell und materiell unsere Hilfe benötigen.

Jesaja warnt nochmals vor den falschen Verhaltensweisen, die mit dem Fasten, das Gott nicht gefällt, in Beziehung stehen und stellt diesem Verhalten die wahre, praktische Liebe gegenüber:

»...Wenn du in deiner Mitte niemand unterjochst und nicht mit Fingern zeigst und nicht übel redest, sondern den Hungrigen dein Herz finden läßt und den Elenden sättigst...« Jesaja 58,9.10

»Unterjochen, mit dem Finger zeigen, übel reden« - das alles kann in drei Worten zusammengefaßt werden: *Gesetzlichkeit, Kritik, Unaufrichtigkeit*.

Betrachten wir nun all die Segnungen, die Jesaja denen verheißt, die das Fasten praktizieren, das Gott wohlgefällt. Sie werden in Vers 8 - 12 in ihrer Reihenfolge aufgeführt. Zuerst beschreibt Jesaja die Segnungen der Gesundheit und der Gerechtigkeit:

»Dann wird dein Licht hervorbrechen wie die Morgenröte, und deine Heilung wird schnell voranschreiten, und deine Gerechtigkeit wird vor dir hergehen, und die Herrlichkeit des Herrn wird deinen Zug beschließen « (Vers 8).

Dieser Vers steht in Einklang mit der Verheißung in Maleachi 3, 20: »Euch aber, die ihr meinen Namen fürchtet, soll aufgehen die Sonne der Gerechtigkeit und Heil unter ihren Flügeln...« In Maleachi weist der Zusammenhang auf eine besondere Bedeutung für die Zeit direkt vor dem Ende des gegenwärtigen Zeitalters hin.

In Vers 9 beschreibt Jesaja den Segen, den wir empfangen, wenn Gott unsere Gebete erhört:

»Dann wirst du rufen, und der Herr wird dir antworten. Wenn du schreist, wird er sagen: Siehe, hier bin ich.«

Gott steht dem Menschen zur Verfügung; er ist bereit, ihm jede Bitte zu erfüllen und jede Not zu stillen. Als nächstes beschreibt Jesaja den Segen, von Gott geleitet und fruchtbar zu sein:

»...dann wird dein Licht in der Finsternis aufgehen, und dein Dunkel wird sein wie der Mittag. Und der Herr wird dich immerdar führen und dich sättigen in der Dürre und dein Gebein stärken. Und du wirst sein wie ein bewässerter Garten und wie eine Wasserquelle, der es nie an Wasser fehlt.«
(Vers 10.11)

Schließlich beschreibt Jesaja den Segen der Wiederherstellung:

»Und es soll durch dich wieder aufgebaut werden, was lange wüst gelegen hat, und du wirst wieder aufrichten, was vorzeiten gegründet ward; und du sollst heißen 'Der die Lücken zumauert und die Wege ausbessert, daß man da wohnen könne'«
(Vers 12).

Jesaja weist - ähnlich wie Joel - auf einen engen Zusammenhang zwischen dem Fasten und der Wiederherstellung des Volkes Gottes hin. Jesaja schließt seine Ausführungen mit dem Gedanken: »...aufgebaut werden, was lange wüst gelegen hat...Lücken zumauern...die Wege ausbessern, daß man da wohnen könne«. Diese Art der Wiederherstellung ist Gottes Ziel für sein Volk in der heutigen Zeit. Die von Gott dazu bestimmten Mittel sind *Gebet* und *Fasten.*

Im Licht dieser klaren und konsequenten Botschaft des Wortes Gottes ist jeder von uns vor eine persönliche Entscheidung gestellt. In Hesekiel 22,30 spricht Gott: »Ich suchte unter ihnen, ob jemand eine Mauer ziehen und in die Bresche vor mir treten würde für das Land, damit ich's nicht vernichten müßte.« Gott sucht heute wiederum solche Menschen. Sind Sie bereit, sich Gott für diesen Zweck bereitzustellen? Sind Sie bereit, zu beten und zu fasten? Sind Sie bereit, sich mit anderen, die ähnlich entschlossen sind, eine Gemeinschaft zu bilden und sich mit ihnen zu besonderen Gebets- und Fastenzeiten zu versammeln?

Laßt uns ein heiliges Fasten ausrufen! Laßt uns die Gemeinde zusammenrufen! Laßt uns zusammenkommen!

KAPITEL 9

Praktische Richtlinien für das Fasten

Das Fasten ist für viele Christen - wenn nicht sogar für die meisten - ein wenig vertrautes und teilweise furchterregendes Thema. Nach meinen öffentlichen Ansprachen über das Fasten wurden mir oft Fragen gestellt, etwa in der Art: »Wie beginnt man das Fasten?« »Gibt es irgendwelche besonderen Gefahren, vor welchen man sich in acht nehmen muß?« »Könnten Sie mir einige praktische Ratschläge geben?«

Fasten und Gebet sind einander ähnlich

Fast alle, die solche Fragen stellen, sind größtenteils bereits mit dem Gebet vertraut. Es ist deshalb hilfreich, zunächst einige Ähnlichkeiten aufzuzeigen, die zwischen Fasten und Beten bestehen.

Jeder verantwortliche Christ versucht, sein persönliches Gebetsleben auf eine regelmäßige Grundlage aufzubauen. Die meisten Christen finden es praktisch, jeden Tag eine bestimmte Zeit für das Gebet einzuplanen. Das ist oft eine bestimmte Zeit am frühen Morgen, bevor die tägliche, routinemäßige Arbeit beginnt. Andere ziehen es vor, sich am Abend dem Gebet zu widmen. Manche wiederum beten morgens wie auch abends. Das regelt jeder Gläubige nach seinem eigenen Belieben und gemäß der persönlichen Leitung des Heiligen Geistes.

Neben diesen regelmäßigen Gebetszeiten macht jedoch fast jeder Christ die Erfahrung, daß es Zeiten gibt, in denen der Heilige Geist uns aufruft zu besonderem Gebet. Der Anlaß dafür kann eine größere Krise oder ein Problem sein, das durch das regelmäßige, tägliche Gebet nicht gelöst werden konnte. Diese besonderen Gebetszeiten sind oft intensiver und länger als die regelmäßigen täglichen Andachten.

Die gleichen Prinzipien gelten für das Fasten. Einem jeden Christen, der sich entschließt, das Fasten zu einem Bestandteil seines persönlichen geistlichen Lebens zu machen, ist zu empfehlen, jede Woche einen oder mehrere bestimmte Zeitabschnitte für diesen Zweck einzuplanen. Dadurch wird Fasten - ähnlich wie Beten - zu einer regelmäßigen Gewohnheit in unserem geistlichen Leben. Zusätzlich zu diesen regelmäßigen wöchentlichen Fastenzeiten wird es wahrscheinlich besondere Gelegenheiten geben, da uns der Heilige Geist zu intensiverem und längerem Fasten aufruft.

Es ist erstaunlich, wie schnell sich der Körper an regelmäßiges Fasten gewöhnt. Von 1949 bis 1956 war ich Pastor einer Gemeinde in London. Während dieser Zeit fasteten meine Frau und ich jeden Donnerstag. Wir stellten fest, daß unser Magen sich auf diesen Tag »einstellte« wie ein Wecker, der auf eine bestimmte Zeit zum Klingeln eingestellt ist. Wenn der Donnerstag kam, verlangte unser Magen nicht wie gewöhnlich nach Nahrung, selbst wenn wir vergessen hatten, welcher Wochentag es war. Ich erinnere mich, wie Lydia einmal zu mir sagte: »Es muß Donnerstag sein, ich habe heute morgen gar keinen Hunger!«

In den frühen Anfängen der Methodistenbewegung wurde großer Wert auf regelmäßiges Fasten gelegt. John Wesley selbst machte es zu einem Bestandteil seines eigenen, persönlichen Lebens. Er lehrte, daß die Urgemeinde am Mittwoch und Freitag jeder Woche fastete und rief alle Methodisten auf, das gleiche zu tun. In der Tat ordinierte er keinen Mann zum geistlichen Amt der Methodisten, der nicht bereit war, jeden Mittwoch und

Freitag bis vier Uhr nachmittags zu fasten.

Selbstverständlich müssen wir sowohl im Hinblick auf das Gebet als auch auf das Fasten darauf achten, daß wir in keinerlei gesetzlichen Zwang verfallen. In Galater 5,18 sagt Paulus: »Regiert euch aber der Geist, so steht ihr nicht unter dem Gesetz.« Für den Christen, der vom Heiligen Geist geleitet ist, sollte weder Beten noch Fasten zum unumstößlichen Gesetz werden, wie es etwa Israel unter dem Gesetz des Mose auferlegt wurde. Ein Christ sollte sich deshalb jederzeit völlig frei fühlen, seine Gewohnheit des Betens und Fastens zu ändern, wie es die Umstände erfordern mögen oder der Heilige Geist sie führen mag. Wir sollten nicht zulassen, daß dies irgendein Schuldgefühl oder gar Selbstverurteilung in uns bewirkt.

In Kapitel 6 dieses Buches ist gesagt worden, daß Jesus in der Bergpredigt die gleiche Ausdrucksweise für das Fasten wie für das Beten brauchte.

Christen sind mit der Gewohnheit vertraut, sich zu gemeinsamem Gebet öffentlich zu versammeln. In den meisten Gemeinden gehört das »Gebetstreffen« zu den üblichen, wöchentlichen Gemeindeaktivitäten. Es gibt eine ebenso starke biblische Grundlage für gemeinsames Fasten. In Kapitel 7 und 8 behandelten wir eine ganze Reihe von Beispielen im Alten Testament, in welchen Gott sein Volk zu gemeinsamem, öffentlichen Fasten aufrief. In Kapitel 6 zeigten wir anhand des Neuen Testamentes, daß gemeinsames Fasten auch in der Urgemeinde praktiziert wurde und die Obersten der Gemeinde mit gutem Beispiel vorangingen.

Manchmal wird der Einwand erhoben, daß Jesus seine Jünger vor dem Fasten in der Öffentlichkeit warnte. Matthäus wird als Grundlage für diesen Einwand zitiert:

> »Wenn du aber fastest, so salbe dir den Kopf und wasche das Gesicht, damit du dich nicht vor den Leuten mit deinem Fasten zeigst, sondern nur vor deinem Vater, der im Verborgenen ist; und dein

> Vater, der ins Verborgene sieht, wird dir's vergelten.« Matthäus 6,17.18

Es wurde bereits erwähnt, daß Jesus hier in der Einzahl, also zur Einzelperson spricht. Das ist verständlich. Für einen Gläubigen, der allein fastet, besteht kein Grund, sein Fasten öffentlich zu zeigen.

Im vorangehenden Vers spricht Jesus jedoch über gemeinsames Fasten in der Mehrzahl:

> »Wenn ihr fastet, sollt ihr nicht sauer dreinsehen wie die Heuchler; denn sie verstellen ihre Mienen, um sich vor den Leuten mit ihrem Fasten zu zeigen. Wahrlich, ich sage euch: Sie haben ihren Lohn schon empfangen.« Matthäus 6,16

In diesem Vers warnt Jesus vor unnötigem, öffentlichen Zur-Schau - Stellen. Er verlangt nicht, daß Fasten im Verborgenen geschehen muß. Auch das ist verständlich. Es leuchtet ein, daß Leute nicht zu gemeinsamem Fasten zusammenkommen können, wenn es nicht durch irgendeine Form öffentlicher Bekanntmachung organisiert wird. Öffentliche Bekanntgabe des Fastens macht eine Geheimhaltung unmöglich.

Zweifellos steht der Teufel hinter der Theorie, daß Christen nur im Verborgenen fasten dürfen. Dadurch wird Gottes Volk der mächtigsten Waffe seiner gesamten Waffenausrüstung - des gemeinsamen, öffentlichen Fastens - beraubt. Die Gegner des öffentlichen Fastens betonen meistens die Notwendigkeit der »Demut«. In diesem Zusammenhang ist sogenannte Demut jedoch in Wirklichkeit eine höfliche religiöse Bezeichnung für Unglaube oder Ungehorsam.

Nach der Betrachtung dieser grundlegenden Prinzipien, die sich sowohl auf das Gebet als auch auf das Fasten beziehen, können wir uns nun dem Fasten im besonderen zuwenden. Im Laufe der Jahre habe ich aufgrund persönlicher Erfahrungen eine Reihe praktischer Richtlinien aufgestellt, die dazu bestimmt sind, aus Fasten den größtmöglichen Nutzen zu ziehen. Diese Richtlinien sind im folgenden kurz aufgeführt. Der Einfachheit halber wird zunächst individuelles Fasten und danach gemeinsames Fasten behandelt:

Richtlinien für individuelles Fasten

1. Beginnen Sie mit einer positiven Glaubenshaltung. Gott verlangt von allen, die ihn suchen, diese Haltung: »Aber ohne Glauben ist's unmöglich, Gott zu gefallen; denn wer zu Gott kommen will, der muß glauben, daß er ist und daß er denen, die ihn suchen, ihren Lohn gibt« (Hebräer 11,6). Wenn Sie entschlossen sind, Gott durch Fasten zu suchen, dürfen Sie gemäß der Bibel erwarten, daß Gott Sie belohnt. In Matthäus 6,18 gibt Jesus eine Verheißung für den Gläubigen, der aus den richtigen Motiven heraus fastet: »...dein Vater, der ins Verborgene sieht, wird dir's vergelten.«

2. Denken Sie daran, daß »Glaube aus dem Hören kommt, das Hören aber durch das Wort Christi« (Römer 10,17). Unser Fasten sollte auf der Überzeugung beruhen, daß Gottes Wort es als einen Teil des normalen christlichen Lebens betrachtet. Die letzten drei Kapitel dieses Buches sollten Ihnen helfen, diese Überzeugung zu gewinnen.

3. Warten Sie nicht, bis Sie eine Notlage zum Fasten zwingt. Es ist besser, mit dem Fasten zu beginnen, wenn Sie geistlich »auf der Höhe« sind, als wenn Sie unter Druck stehen. Der Grundsatz für Fortschritt im Reich Gottes lautet: »von einer Kraft zur andern« (Psalm 84,8), »aus Glauben in Glauben« (Römer 1,17) und »von einer Herrlichkeit zur andern« (2. Korinther 3,18).

4. Nehmen Sie sich aufangs keine zu lange Fastenzeit vor. Wenn Sie das erste Mal fasten, beginnen Sie, indem Sie eine oder zwei Mahlzeiten auslassen. Gehen Sie dann allmählich dazu über, längere Zeitabschnitte - etwa einen oder zwei Tage - einzuplanen. Es ist besser, sich anfangs

einen kurzen Zeitabschnitt als Ziel zu setzen und dieses Ziel zu erreichen. Wenn Sie sich anfangs einen zu langen Zeitabschnitt setzen und dann nicht durchhalten, kann es passieren, daß Sie entmutigt werden und völlig aufgeben.

5. Bringen Sie während des Fastens viel Zeit mit Bibellesen zu. Lesen Sie, wenn möglich, vor jeder Gebetszeit einen bestimmten Bibelabschnitt. Die Psalmen sind dafür besonders geeignet. Lesen Sie diese laut vor und identifizieren Sie sich dabei mit den Gebeten, Lobpreisen und Bekenntnissen, die darin enthalten sind.

6. Es ist oft hilfreich, sich während des Fastens besondere Ziele zu setzen und darüber eine Liste anzulegen. Wenn Sie diese Listen aufbewahren und nach einer gewissen Zeit wieder vornehmen, wird Ihr Glaube gestärkt werden, wenn Sie feststellen, wie viele Ihrer Ziele sich verwirklicht haben.

7. Vermeiden Sie, Ihr Fasten zur Schau zu stellen oder vor anderen damit zu prahlen. Abgesehen von besonderen Gebetszeiten oder anderen geistlichen Aktivitäten sollte Ihr Leben und Verhalten während des Fastens so normal und unauffällig wie möglich sein. Das ist der eigentliche Inhalt der Warnungen, die Jesus in Matthäus 6,16-18 gibt. Denken Sie daran, daß »Rühmen durch das Gesetz des Glaubens ausgeschlossen ist« (siehe Römer 3,27). Durch Fasten erwerben wir kein besonderes Verdienst bei Gott. Es ist Teil unserer Pflicht als engagierte Christen. In Lukas 17,10 ermahnt uns Jesus: »So auch ihr! Wenn ihr alles getan habt, was euch befohlen ist, so sagt: Wir sind unwürdige Knechte; wir haben nur getan, was wir zu tun schuldig waren.«

8. Überprüfen Sie jedesmal, wenn Sie fasten, Ihre Motive. Nehmen Sie sich Zeit, Jesaja 58,1-12 nochmals zu lesen. Beachten Sie die Motive und Haltungen, die Gott mißfallen. Betrachten Sie dann eingehend die Motive und Zielsetzungen, die Gott gefallen. Ihre eigenen Motive und Zielsetzungen sollten mit diesen übereinstimmen.

Gesundheitliche Aspekte des Fastens

Fasten fördert die körperliche Gesundheit, wenn es sorgfältig und vernünftig praktiziert wird. Die folgenden Gesichtspunkte sind unter anderem zu beachten, wenn Fasten gesundheitlichen Nutzen bringen soll:

1. Denken Sie daran, daß Ihr »Leib ein Tempel des Heiligen Geistes ist« (1. Korinther 6,19). Es ist Gott wohlgefällig, wenn wir unseren Körper pflegen und danach streben, ihn zu einem reinen und gesunden Tempel für seinen Geist zu machen. Gesundheit ist eine der verheißenen Wohltaten des Fastens, wenn es richtig angewendet wird (Jesaja 58,8).

2. Falls Sie regelmäßig Arzneimittel einnehmen müssen oder an einer Krankheit leiden wie etwa Zuckerkrankheit oder Tuberkulose, ist es empfehlenswert, Ihren Arzt um Rat zu fragen, bevor Sie eine längere Fastenzeit einplanen, die sich über eine oder zwei Mahlzeiten hinaus erstreckt.

3. Während des Fastens können sich anfangs unangenehme Nebenerscheinungen wie Schwindel, Kopfschmerzen, Übelkeit usw. einstellen. Das sind gewöhnlich Anzeichen dafür, daß Ihr Fasten schon lange fällig ist und daß Sie in verschiedenen Bereichen Ihres Körpers der reinigenden Wirkung des Fastens bedürfen. Lassen Sie sich nicht durch körperliche Beschwerden abschrecken. Zeigen Sie Entschlossenheit und halten Sie die Fastenzeit durch, die Sie sich vorgenommen haben. Nach ein oder zwei Tagen lassen diese unangenehmen körperlichen Reaktionen gewöhnlich nach.

4. Hunger ist teilweise eine Gewohnheitssache. In der anfänglichen Phase des Fastens wird sich der Hunger wahrscheinlich zu jeder gewohnten Essenszeit einstellen. Wenn Sie jedoch durchhalten, wird das Hungergefühl aufhören, ohne daß Sie etwas essen. Manchmal kann man den Magen beruhigen, indem man ein Glas Wasser trinkt, anstatt zu essen.

5. Vermeiden Sie Verstopfung. Essen Sie vor und nach

dem Fasten Nahrungsmittel, die im Hinblick darauf hilfreich sind wie etwa: frisches Obst oder Fruchtsaft, getrocknete Feigen, Pflaumen oder Aprikosen, Haferflocken usw.

6. Manche trinken während des Fastens nur Wasser. Andere nehmen verschiedene Getränke wie Fruchtsaft, Fleischbrühe, Magermilch usw. zu sich. Es ist empfehlenswert, sich von stark anregenden Getränken wie Tee oder Kaffee zu enthalten. Lassen Sie sich jedoch nicht von den Theorien anderer Leute beherrschen. Versuchen Sie, Ihre eigene Methode beim Fasten auszuarbeiten, welche Ihren individuellen Bedürfnissen am besten entspricht.

7. Es entspricht der biblischen Lehre, sich zu gewissen Zeiten sowohl der Flüssigkeit als auch fester Nahrung zu enthalten. *Enthalten Sie sich jedoch nicht mehr als 72 Stunden von Flüssigkeit.* Ester und ihre Dienerinnen setzten sich diese Zeit als Grenze (Ester 4,16). Mehr als 72 Stunden ohne Flüssigkeit zu leben, kann gefährliche körperliche Folgen haben. Es stimmt, daß Mose zweimal vierzig Tage ohne zu essen oder zu trinken verbrachte (5. Mose 9,9-18). Mose befand sich zu jener Zeit jedoch auf übernatürliche Weise in der direkten Gegenwart Gottes. Versuchen Sie nicht, Moses Beispiel zu folgen, es sei denn, Sie befinden sich auf der gleichen übernatürlichen Ebene.

8. Beenden Sie Ihr Fasten allmählich. Beginnen Sie mit kleineren Mahlzeiten, die leicht verdaulich sind. Je länger Sie gefastet haben, desto vorsichtiger müssen Sie Ihr Fasten beenden. Selbstdisziplin ist äußerst wichtig und erforderlich. Übermäßiges Essen nach dem Fasten kann ernsthaftes körperliches Unwohlsein hervorrufen und den gesundheitlichen Nutzen des Fastens zunichte machen.

9. Während des Fastens, das länger als zwei Tage dauert, wird der Magen zusammenschrumpfen. Überdehnen Sie ihn nicht wieder. Wenn Sie vorher übermäßig viel zu essen pflegten, so achten Sie darauf, daß Sie nicht wieder dieser Gewohnheit verfallen. Wenn Sie sich dazu erziehen, weniger zu essen, wird sich Ihr Magen dement-

sprechend anpassen.

Richtlinien für gemeinsames Fasten

Alle Richtlinien, die bereits für individuelles Fasten gegeben wurden, lassen sich normalerweise auch auf gemeinsames Fasten anwenden. Es folgen nun einige besondere Gesichtspunkte, die für das gemeinsame Fasten zu berücksichtigen sind:

1. In Matthäus 18,19 betont Jesus die besondere Kraft, die freigesetzt wird, wenn Gläubige im Gebet übereinstimmen. Zu diesem Zweck sollten alle, die an gemeinsamem Fasten teilnehmen, alles tun, was in ihrer Macht steht, um untereinander Übereinstimmung zu erreichen und zu erhalten.

2. Während des gemeinsamen Fastens sollten sich alle Teilnehmer verpflichten, besonders füreinander zu beten.

3. Es sollte ein Treffpunkt vereinbart werden, an dem alle, die am Fasten teilnehmen, zu festgelegten Zeiten zusammenkommen können.

Ein Zeugnis für Gottes Treue

Es scheint mir geeignet, dieses Kapitel mit einem persönlichen Zeugnis von Gottes Treue abzuschließen. Während der letzten dreißig Jahre habe ich mich von Zeit zu Zeit besonders intensiv dem Gebet und Fasten gewidmet. Für manche dieser Fastenzeiten setzte ich mir bestimmte Ziele im Gebet und fertigte darüber schriftliche Aufzeichnungen an, die heute noch vorhanden sind.

Wenn ich diese Aufzeichnungen heute wieder durchlese, bin ich oft überrascht, wenn ich sehe, wie und auf welche Weise Gott oft meine Gebete erhört hat. Manchmal liegt ein langer Zeitraum zwischen dem Zeitpunkt, an dem ich ein bestimmtes Gebetsanliegen vor den Herrn brachte, und dem Zeitpunkt, an dem es erhört wurde. Oftmals habe ich Gebetsanliegen aufgeschrieben und sie dann vergessen.

Wenn ich aber meine Eintragungen zurückverfolge, entdecke ich, daß Gott sie nicht vergessen hat. Auf seine Art und zu seiner Zeit erhörte er diese Bitten.

Während ich diese Zeilen schreibe, liegen die Aufzeichnungen einer besonderen Gebets- und Fastenzeit vor mir, die ich 1951 unternahm. Gemäß meiner Aufzeichnungen dauerte sie vom 24. Juli bis 16. August - ingesamt also 24 Tage. Zu jener Zeit war ich vollzeitlich als Pastor tätig. Ich ging wie gewohnt meinen üblichen Verpflichtungen nach, die unter anderem fünf Gottesdienste pro Woche und drei Straßenversammlungen umfaßten.

Mit Erstaunen stellte ich fest, daß ich während dieser Zeit die gesamte Liste meiner Gebetsanliegen in neutestamentlichem Griechisch verfaßte. Meine Gebetsanliegen hatten für mich eine so persönliche und kostbare Bedeutung, daß die Liste nur Gott und mir zugänglich sein sollte. Aus diesem Grund verfaßte ich sie in einer Sprache, die von den meisten Leuten heutzutage nicht verstanden wird.

Ich gliederte diese Liste in fünf Spalten auf: A - meine eigenen geistlichen Bedürfnisse, B - Bedürfnisse meiner Familie, C - Bedürfnisse meiner Gemeinde, D - Bedürfnisse meines Landes (England) und E - Bedürfnisse der Welt.

Viele meiner Gebetsanliegen sind immer noch zu persönlich, als daß ich sie erwähnen möchte. Es sind jedoch auch gewisse Dinge darunter, die ich gerne nennen möchte:

Wenn ich die verschiedenen Gebetsanliegen im Hinblick auf meine Familie betrachte, stelle ich fest, daß jedes davon wirklich erhört worden ist. Das letzte Gebetsanliegen unter dieser Rubrik war die Errettung meiner Mutter - sie fand vierzehn Jahre später statt.

Eine der Bitten für mich selbst war die Ansübung vier bestimmter geistlicher Gaben. Zu jener Zeit verstand ich kaum das Wesen dieser Gaben, um die ich bat. Ich kann jedoch heute sagen, daß alle vier dieser Gaben in meinem geistlichen Dienst regelmäßig zur Anwendung kommen.

Die Gebete, die ich für die Gemeinde Christi und für die Welt betete, sind größtenteils durch die weltweite Ausgießung des Heiligen Geistes erhört worden, die in unseren Tagen stattfindet. Ich glaube aber, daß wir - wenn Gottes Volk bereit ist, ihn noch ernsthafter und intensiver in Gebet und Fasten zu suchen - das Wirken des Heiligen Geistes in der ganzen Welt erfahren werden, wie es in der Geschichte noch nie dagewesen ist. Wir werden in der Tat die Erfüllung der Prophezeiung in Habakuk 2,14 erleben: »Denn die Erde wird voll werden von Erkenntnis der Ehre des Herrn, wie Wasser das Meer bedeckt.«

Von meinen Gebeten für Großbritannien ist bis jetzt nur ein kleiner Bruchteil erhört worden. Im Jahr 1953 - zwei Jahre nach der oben erwähnten Fastenzeit - weckte Gott mich eines Nachts auf und redete ganz deutlich zu mir. Die erste Verheißung, die er mir gab, lautete: »In den Vereinigten Staaten und in Großbritannien wird eine große Erweckung stattfinden.« Diese Erweckung hat in den Vereinigten Staaten bereits begonnen, und es gibt Anzeichen dafür, daß sie auch in Großbritannien beginnt. Ich habe in meinem Herzen keinerlei Zweifel, daß Gottes Verheißung für Großbritannien erfüllt werden wird. Durch seine Gnade hoffe ich, ein Zeuge davon zu werden.

Während ich mir diese persönlichen Erfahrungen der Macht und Treue Gottes von neuem ins Gedächtnis rufe, kommen mir spontan die Worte des Paulus in den Sinn:

> »Dem aber, der überschwenglich mehr tun kann als alles, was wir bitten oder verstehen, nach der Kraft, die in uns wirkt, dem sei Ehre in der Gemeinde und in Christus Jesus zu aller Zeit, von Ewigkeit zu Ewigkeit! Amen.« Epheser 3,20.21

KAPITEL 10

Der Höhepunkt: Die verherrlichte Gemeinde

In den ersten Kapiteln dieses Buches sahen wir, daß die Gemeinde Jesu Christi. vom Heiligen Geist erfüllt, im jetzigen Zeitalter der Hauptvertreter Gottes auf Erden ist und der Erfüllung des Planes Gottes für die Welt dient. In Kapitel 8 sahen wir dann, daß Gott durch den Spätregen des Heiligen Geistes die Gemeinde erneuert und sie nach seinem eigenen, festen Maßstab der Reinheit, Macht und Ordnung wiederherstellt. Die Gemeinde, die auf diese Weise erneuert wird, ist so befähigt, ihre von Gott gestellten Aufgaben in der Welt zu erfüllen und Gottes Plan am Ende dieses Zeitalters zu einem glorreichen Höhepunkt zu bringen.

Paulus' Darstellung der vollendeten Gemeinde

In seinem Brief an die Epheser beschreibt Paulus, wie die Gemeinde vollendet werden wird und wie sie sein wird, wenn sie vollendet ist. In Epheser 1,22.23 lehrt er, daß die Gemeinde der Leib Christi ist und daß Christus das alleinige und höchste Haupt dieser Gemeinde ist. In Kapitel 4 führt Paulus dann die wichtigsten Ämter auf, die Christus der Gemeinde gegeben hat, und er nennt den Zweck, dem sie dienen sollen:

> »Und er hat einige als Apostel eingesetzt, andere als Propheten, andere als Evangelisten, andere als Hirten und Lehrer, damit die Heiligen für ihren

Dienst zugerüstet werden. Dadurch soll der Leib Christi aufgebaut werden, bis wir alle zur Einheit des Glaubens und der Erkenntnis des Sohnes Gottes gelangen und so zum vollkommenen Menschen werden und das Maß der Fülle Christi erreichen.«
Epheser 4,11-13

Die fünf wichtigsten Ämter in der Gemeinde werden in Vers 11 aufgeführt: *Apostel, Propheten, Evangelisten, Hirten* und *Lehrer*. In Vers 12 wird der Zweck dieser Ämter genannt: die Zurüstung (oder die Erbauung) des Leibes Christi. In Vers 13 werden vier Kennzeichen des vollendeten Leibes gegeben: zur *Einheit des Glaubens* und der *Erkenntnis des Sohnes Gottes* gelangen, zum *vollkommenen Menschen* werden und *das Maß der Fülle Christi* erreichen.

Wir sehen die Gemeinde oft als eine bewegungslose, starre Einheit an. Das ist jedoch nicht der Fall. Die Gemeinde ist in einem Zustand des Wachstums und der Entwicklung begriffen. Das vorangestellte Wort *bis* in Vers 13 deutet an, daß wir uns auf ein vorherbestimmtes Ende zubewegen. Es wird durch den Ausdruck »zur Einheit des Glaubens« bestätigt. Wir sind noch nicht zur Einheit des Glaubens gelangt. Das beweist ein Blick auf die verschiedenen und unterschiedlichen Gruppen und Konfessionen. Wir bewegen uns aber in Richtung dieser Einheit. Es wird die Zeit kommen, da alle wahren Christen im Glauben vereint sein werden.

Paulus' nächster Satz deutet den Weg an, der zu dieser Einheit führt: »die Erkenntnis des Sohnes Gottes«. Alle Lehren des Neuen Testamentes haben die Person und das Werk Christi zum Mittelpunkt. Die Lehre von der Errettung beruht auf dem Erretter. Die Lehre von der Heilung gründet sich auf den, der uns heilt. Die Lehre von der Heiligung gründet sich auf den, der uns heiligt. Die Lehre von der Erlösung beruht auf dem Erlöser. Ähnliches gilt für alle anderen christlichen Lehrsätze. Der wahre und vollständige Ausdruck jeder Lehre ist in der Person und dem Werk Christi zu finden. Die Geschichte hat gezeigt, daß Christen im Glauben nicht eins werden, wenn sie über Lehrfragen theoretische Diskussionen führen. Aber wenn Christen bereit sind, Christus in seiner Fülle anzuerkennen und ihm seinen rechtmäßigen Platz in ihrem Leben und in der Gemeinde zu geben, kommen die verschiedenen christlichen Lehren in Jesus zusammen, so wie die Speichen eines Rades in seiner Nabe zusammenlaufen. Und so führt der Weg »zur Einheit des Glaubens« über »die Erkenntnis des Sohnes Gottes«.

Auf diese Weise wachsen wir auch »zum vollkommenen Menschen« heran. Die Gemeinde entwickelt sich so zur vollen Reife. Dieser Mensch, der zur vollen Reife herangewachsen ist, wird Christus in seiner ganzen Fülle darstellen können. Er wird im wahrsten Sinne des Wortes die *Verkörperung* Christi sein. Er wird das Ziel des Planes Gottes für die Gemeinde als Leib Christi sein. Das bedeutet die vollkommene Offenbarung Christi. Die vollendete Gemeinde, mit der völligen Gnade Gottes, allen Gaben und Ämtern ausgestattet, wird der Welt den vollendeten Christus offenbaren.

In Epheser, Kapitel 5, vervollständigt Paulus sein Bild der Gemeinde am Ende dieses Zeitalters. Er hat sie bereits als den Leib Christi dargestellt. Nun stellt er sie als *Braut* Christi dar und vergleicht Christi Verhältnis zu seiner Gemeinde mit dem eines Mannes zu seiner Frau:

> »Ihr Männer, liebt eure Frauen, wie auch Christus die Gemeinde geliebt und sich selbst für sie dahingegeben hat, um sie zu heiligen.
> Er hat sie gereinigt durch das Wasserbad im Wort...« Epheser 5, 25.26

Paulus stellt Christus in diesen Versen unter zwei Aspekten dar: Jesus ist der Erlöser, und er heiligt die Gemeinde. Das Mittel der Erlösung ist das Blut Christi. Das Mittel der Heiligung ist das Wort Gottes. Christus hat die Gemeinde zuerst durch sein Blut erlöst, das er am

Kreuz vergossen hat, und dann die Gemeinde durch sein Wort geheiligt. Der Vorgang der Heiligung durch Gottes Wort wird mit dem Bad in reinem Wasser verglichen. Zur Vollendung der Gemeinde ist beides erforderlich.

Dies steht in Einklang mit dem Bild Christi, das in 1. Johannes 5,6 beschrieben wird: »Dieser ist's, der gekommen ist in Wasser und Blut, Jesus Christus; nicht in Wasser allein, sondern in Wasser und Blut; und der Geist ist's, der das bezeugt, denn der Geist ist die Wahrheit.«

Christus ist durch sein Blut, das er vergossen hat, der Erlöser der Gemeinde. Und durch das reine Wasser des Wortes Gottes heiligt er die Gemeinde. Der Heilige Geist bezeugt beide Aspekte im geistlichen Dienst Christi. In der gegenwärtigen Ausgießung des »Spätregens« betont der Heilige Geist durch seine göttliche Vollmacht wiederum mit Nachdruck diese beiden Dienste Gottes, die er für die Gemeinde bereitgestellt hat: die Erlösung durch das Blut Christi und die Heiligung durch das Wort Gottes. Beide sind gleichermaßen notwendig zur Vollendung der Gemeinde.

In Epheser 5,27 fährt Paulus fort, die Ergebnisse zu beschreiben, die Christus durch seinen zweifachen geistlichen Dienst in der Gemeinde bewirken wird: »...um sie als seine Gemeinde vor sich zu stellen in herrlichem Schmuck, ohne Flecken oder Runzel oder etwas dergleichen, vielmehr heilig und untadelig«.

Das erste und auffälligste Kennzeichen der Gemeinde, wie sie hier beschrieben wird, ist ihre *Herrlichkeit*. Das bedeutet, daß sie von Gottes Herrlichkeit durchdrungen sein wird. Das Wort *herrlich* ist ein Hinweis auf die persönliche Gegenwart Gottes, die den menschlichen Sinnen offenbart wird. Nach der Errettung Israels aus Ägypten nahm diese Herrlichkeit die Form einer Wolke an, die die Stiftshütte in der Wüste überschattete und die auch das Allerheiligste in seinem Innern erleuchtete. In ähnlicher Weise wird die vollendete Gemeinde von der offenbarten Herrlichkeit Gottes überschattet, erfüllt und erleuchtet sein. Als Folge davon wird die Gemeinde ebenfalls *heilig* und *untadelig* sein.

Die Gemeinde, wie sie von Paulus im Epheserbrief dargestellt wird, wird die Erfüllung des Gebetes Christi für seine Jünger in Johannes 17,22 sein: »Und ich habe ihnen die Herrlichkeit gegeben, die du mir gegeben hast, damit sie eins sind, so wie wir eins sind...« Die Herrlichkeit wird die Einheit vollenden. Umgekehrt kann nur die vereinigte Gemeinde die Herrlichkeit verkünden. Im darauffolgenden Vers sagt Jesus: »...damit...die Welt erkennt...«. Die vereinte, verherrlichte Gemeinde wird Christus vor der ganzen Welt bezeugen.

Wenn wir Paulus' Darstellung der Gemeinde in Epheser 4,13 mit derjenigen in Epheser 5,27 verbinden, können wir sieben verschiedene Merkmale der Gemeinde am Ende dieses Zeitalters feststellen:

1. Die Gemeinde wird im Glauben vereint sein.
2. Die Gemeinde wird Christus im Hinblick auf seine Person und seine Werk als ihr Haupt anerkennen.
3. Die Gemeinde wird voll zur Reife gekommen sein.
4. Die vollendete Gemeinde wird der Welt Christus in seiner Vollendung bezeugen.
5. Die Gemeinde wird von Gottes Herrlichkeit durchdrungen sein.
6. Die Gemeinde wird heilig sein.
7. Die Gemeinde wird untadelig sein.

Die ersten vier dieser sieben Kennzeichen beschreiben die Gemeinde als den vollendeten Leib Christi. Die letzten drei beschreiben sie als vollendete Braut Christi.

Jesajas Darstellung der Gemeinde der Endzeit

Die neutestamentliche Darstellung der Gemeinde in der Endzeit wird durch verschiedene Prophezeiungen des

Alten Testamentes bestätigt. Eine der bemerkenswertesten Prophezeiungen befindet sich in Jesaja, Kapitel 59, Vers 19, bis Kapitel 60, Vers 5. Jesaja zeichnet gegen einen weltweiten Hintergrund der Dunkelheit, Not und Verwirrung ein Bild der Gemeinde der Endzeit, die in Herrlichkeit und Kraft erscheint:

»...Daß der Name des Herrn gefürchtet werde bei denen vom Niedergang der Sonne und seine Herrlichkeit bei denen von ihrem Aufgang, wenn er kommen wird wie ein reißender Strom, den der Odem des Herrn treibt (59,19).
Aber für Zion wird er als Erlöser kommen und für die in Jakob, die sich von der Sünde abwenden, spricht der Herr (59,20).
Und dies ist mein Bund mit ihnen, spricht der Herr: Mein Geist, der auf dir ruht, und meine Worte, die ich in deinen Mund gelegt habe, sollen von deinem Mund nicht weichen noch von dem Mund deiner Kinder und Kindeskinder, spricht der Herr, von nun an bis in Ewigkeit (59,21).
Mache dich auf, werde licht; denn dein Licht kommt, und die Herrlichkeit des Herrn geht auf über dir! (60,1).
Denn siehe, Finsternis bedeckt das Erdreich und Dunkel die Völker; aber über dir geht auf der Herr, und seine Herrlichkeit erscheint über dir (60,2).
Und die Heiden werden zu deinem Lichte ziehen und die Könige zum Glanz, der über dir aufgeht (60,3).
Hebe deine Augen auf und sieh umher: Diese alle sind versammelt und kommen zu dir. Deine Söhne werden von ferne kommen und deine Töchter auf dem Arme hergetragen werden (60,4).
Dann wirst du deine Lust sehen und vor Freude strahlen, und dein Herz wird erbeben und weit werden, wenn sich die Schätze der Völker am Meer zu dir kehren und der Reichtum der Völker zu dir kommt (60,5).

Im ersten Teil von Vers 19 in Kapitel 59 nennt Jesaja Gottes Endziel, das durch die nachfolgenden Ereignisse erreicht werden soll: »...daß der Name des Herrn gefürchtet werde bei denen vom Niedergang der Sonne und seine Herrlichkeit bei denen von ihrem Aufgang«. Es soll eine weltweite Offenbarung der Herrlichkeit Gottes stattfinden, die unter den Völkern Furcht und Verwunderung hervorrufen wird.

Die zweite Hälfte dieses Verses zeigt, daß Satan, »der Feind«, der »wie ein reißender Strom kommen wird«, versucht, Gottes Plan entgegenzuwirken, daß sein Widerstand jedoch durch den Heiligen Geist überwunden werden wird. Das wird die dunkelste Stunde in der Geschichte der Menschheit sein, und die ungeheure Not wird das mächtige Eingreifen Gottes hervorrufen. »Wo aber die Sünde mächtig geworden ist«, da ist Gottes Gnade »noch viel mächtiger« (Römer 5,20).

Der Heilige Geist wird von Jesaja als »Fahnenträger der Armee Gottes« dargestellt. Genau in dem Augenblick, wenn Gottes Volk in Gefahr steht, völlig zerstreut und vernichtet zu werden, hält der Heilige Geist die göttliche Fahne hoch. Gottes Volk wird durch die Tatsache, daß Gott ihm zu Hilfe kommt, ermutigt; aus allen Richtungen strömen die Menschen zusammen, um sich um die erhobene Fahne zu versammeln und auf eine neue Offensive vorzubereiten.

Welches Banner hebt der Heilige Geist empor? In Johannes 16,13-44 spricht Jesus vom Kommen des Heiligen Geistes und erklärt: »Er wird mich verherrlichen.« Der Heilige Geist hebt nur ein einziges Banner empor. Es ist nicht eine Institution, eine Konfession oder eine Lehre. Es ist eine Person: »Jesus Christus ist derselbe gestern und heute und bleibt es auch in Ewigkeit« (Hebräer 13,8). Für jeden wahren Christen ist die Treue zu diesem Banner - Jesus Christus - vorrangig. Jede andere Verpflichtung - gegenüber einer Institution, Konfession oder Lehre - ist von zweitrangiger Bedeutung. *Wenn solche Gläubigen*

Christus durch den Heiligen Geist erhoben sehen, werden sie sich versammeln.

In den Jahrzehnten nach dem Zweiten Weltkrieg ist die Prophezeiung im letzten Teil von Jesaja 59,19 auf exakte Weise erfüllt worden: Zunächst kam der Feind »wie ein reißender Strom«. In jedem Lebensbereich - religiöser, moralischer, gesellschaftlicher und politischer Art - hat sich der Einfluß des Satans in einer beispiellosen Überschwemmung bemerkbar gemacht. Dann »erhob der Heilige Geist ein Banner gegen ihn«. In jedem Teil der Christenheit spürt man schon eine allumfassende, übernatürliche Heimsuchung des Heiligen Geistes. Sie hat keine Institution und keine menschliche Person zum Mittelpunkt, sondern einzig und allein den Herrn Jesus Christus. Das Volk Gottes versammelt sich jetzt von allen Richtungen um die Person Jesu Christi, der durch den Heiligen Geist erhoben wird.

Jesaja 59,10-20 beschreibt verschiedene Folgen dieser Heimsuchung: Das Volk Gottes wendet sich Gott wieder zu und tut Buße. Christus wirkt in seiner Gemeinde wieder und bringt Erlösung und Befreiung. Er erneuert seinen Bund und gibt uns wieder die Fülle des Heiligen Geistes. Gottes Volk ist erneut zu seinem Zeugen geworden. Sein Geist ruht auf ihm, und sein Wort wird durch die Lippen des Volkes verkündet.

Alle Altersgruppen sind in dieser Heimsuchung eingeschlossen: Eltern, Kinder und Kindeskinder. Die jungen Menschen werden in der Tat besonders hervorgehoben. Es ist die Ausgießung, die in Joel 3,1 und Apostelgeschichte 2,17 vorhergesagt wird: »...Eure Söhne und eure Töchter sollen weissagen und eure jungen Männer sollen Gesichte sehen...«

Es ist auch keine kurze oder zeitweilige Heimsuchung. Sie dauert »von nun an bis in Ewigkeit«. Die Fülle des Heiligen Geistes, die dem Volk Gottes wiedergegeben wird, soll niemals mehr von ihnen genommen werden.

Die ersten beiden Verse von Jesaja, Kapitel 60, betonen den zunehmenden Gegensatz zwischen Licht und Dunkelheit. »Finsternis bedeckt das Erdreich und Dunkel die Völker.« Auf Gottes Volk wird jedoch das Licht und die Herrlichkeit seiner Gegenwart um so heller scheinen. Die Finsternis wird dunkler, aber das Licht wird immer heller. Dies ist die Stunde der Entscheidung, wenn sich die Wege trennen. Es kann keine Neutralität, keine Kompromisse mehr geben, »...denn was hat die Gerechtigkeit zu schaffen mit der Ungerechtigkeit? Was hat das Licht für Gemeinschaft mit der Finsternis?« (2. Korinther 6,14).

In Vers 3 beschreibt Jesaja, welche Wirkung die Offenbarung der verherrlichten Gemeinde auf die Welt haben wird: Die Völker und ihre Herrscher werden Hilfe suchen. In bezug auf diese Stunde sagt Jesus in Lukas 21,25: »...Die Völker werden voll Angst und Schrecken sein.« Die zunehmenden Probleme der letzten Jahrzehnte haben bewirkt, daß die Herrscher der Völker nicht länger behaupten, für alle Probleme eine Lösung zu haben. Deshalb werden sich ganze Nationen zu Christus bekehren, da er seine Weisheit und Macht durch seine Gemeinde offenbart.

In Kapitel 60, Vers 4, fordert Jesaja die Gemeinde auf, ihre Augen zu erheben und auf die große Menschenmenge zu sehen, die sich versammelt. Und wiederum liegt eine besondere Betonung auf den jungen Menschen: »deine Söhne« und »deine Töchter«.

Vers 5 bringt diesen Teil der Prophezeiung zu einem Höhepunkt: »Dann wirst du deine Lust sehen und vor Freude strahlen.« Gottes Volk wird zusammenströmen, denn es wird Gottes Wirken erkennen. Die Ströme der Erweckung werden von jedem historischen Hintergrund und von allen Teilen der Christenheit fließen und sich schließlich zu einem einzigen, unüberwindbaren Strom vereinen. »Dein Herz wird erbeben und weit werden.« Eine heilige Angst wird über Gottes Volk kommen, wenn seine Macht und Herrlichkeit offenbar werden wird. Aber ihr

Herz wird auch weit werden - sie werden befähigt sein, den Plan Gottes zu verstehen und zu erfüllen.

Gottes Volk, das auf diese Weise wieder versammelt, vereint und bevollmächtigt ist, wird unermeßliche finanzielle und materielle Mittel zur Verfügung stehen: »Die Schätze der Völker am Meer und der Reichtum der Völker«. Gott hält diese Mittel bereit für die letzte Aufgabe, die die Gemeinde zu erfüllen hat.

Die letzte große Aufgabe

In Matthäus 24,3 stellten die Jünger Jesus eine Frage: »...Was wird das Zeichen für dein Kommen und für das Ende der Welt sein?« Ihre Frage war spezifisch. Sie fragten ihn nicht nach vielen *Zeichen* (Mehrzahl), sondern nach *dem Zeichen* - einem endgültigen und spezifischen Kennzeichen, das das Ende der Welt erkennen läßt.

In Vers 5 bis 13 gibt Jesus seinen Jüngern verschiedene Zeichen - verschiedene Ereignisse und allgemeine Tendenzen, die die Endzeit charakterisieren würden. Erst in Vers 14 beantwortet er dann ihre spezifische Frage: »Und dies Evangelium vom Reich wird in der ganzen Welt gepredigt werden zum Zeugnis für alle Völker, und dann wird das Ende kommen.«

Das ist eine spezifische Antwort auf eine spezifische Frage. Wann wird das Ende kommen? Wenn dieses Evangelium in der ganzen Welt und allen Völkern gepredigt sein wird. Dies bestätigt einen Leitgedanken, der in diesem Buch ständig betont wurde: Die Initiative im *Hinblick auf das Weltgeschehen liegt bei Gott und seinem Volk.* Der Höhepunkt dieses Zeitalters wird nicht durch das Wirken weltlicher Regierungen oder militärischer Macht noch durch die Überflutung des Betrugs und der Gesetzlosigkeit des Satans bewirkt. Die letzte entscheidende Tätigkeit wird die Verkündigung des Evangeliums vom Reich sein. Diese Aufgabe kann nur von der Gemeinde Jesu Christi erfüllt werden.

Die Bibel beschreibt sehr genau die Botschaft, die gepredigt werden soll. »Dies Evangelium vom Reich« soll verkündigt werden. Es ist dieselbe Botschaft, die von Christus und seinen Jüngern gepredigt wurde. Sie verkündet Christus in seinem königlichen Sieg und seiner Macht. »In des Königs Wort ist Gewalt« (Prediger 8,4). »Denn das Reich Gottes besteht nicht in Worten, sondern in Kraft« (1. Korinther 4,20). Das Evangelium vom Reich wird »durch Zeichen, Wunder und mancherlei mächtige Taten und durch die Austeilung des Heiligen Geistes...« (Hebräer 2,4) auf übernatürliche Weise bestätigt. Es wird ein wahres und wirksames »Zeugnis für alle Völker« sein.

Die Szene für den letzten großen Akt des Dramas der Gemeinde ist heute vorbereitet. Es ist das erste Mal in der Geschichte der Menschheit, daß die Aufgabe der Verbreitung des Evangeliums unter allen Völkern innerhalb einer einzigen Generation vollendet werden kann. Die Technik hat die Beförderungsmittel wie auch die Kommunikationsmedien bereitgestellt, die dazu erforderlich sind. Die Kosten für die Verwendung dieser Mittel werden ungeheuer groß sein, aber in Jesaja 60,5 hat Gott der Gemeinde der Endzeit »die Schätze der Völker am Meer« und »den Reichtum der Völker« verheißen. Dafür hat er Vorsorge getroffen - die finanziellen und technischen Mittel der Völker sollen der Gemeinde für die Erfüllung ihrer letzten Aufgabe auf Erden bereitgestellt werden.

Gleichzeitig bringt der Spätregen des Heiligen Geistes, so wie Joel es verheißen hat, eine Schar hingegebener junger Männer und Frauen hervor, die bereit sind, Jesu Auftrag in Apostelgeschichte 1,8 zu erfüllen: »Aber ihr werdet die Kraft des Heiligen Geistes empfangen, der auf euch kommen wird, und ihr werdet meine Zeugen sein in Jerusalem, in ganz Judäa und Samarien und bis an die Enden der Erde.« Das ist die Generation, von der David in Psalm 22,3 spricht: »Er wird Nachkommen haben, die ihm dienen; vom Herrn wird man verkündigen Kind und Kindeskind.« Es ist auch die Zeit, von der Jesus in

Matthäus 24,34 spricht: »Dies Geschlecht wird nicht vergehen, bis dies alles geschieht.«

Die endzeitliche Absicht Gottes ist die Wiederherstellung und Vollendung der Gemeinde.

Die Quelle der Kraft, um dieses Ziel zu erreichen, ist vereintes Beten und Fasten.